HELENA MARIA VIRAMONTES EN SUS PROPIAS PALABRAS

Lydia H. Rodríguez

Ediciones Nuevo Espacio
Academia

Ediciones Nuevo Espacio
New Jersey, 07704, USA
http://www.editorial-ene.com
Ednuevoespacio@aol.com
Primera edición, enero, 2006
Dibujo de la portada: Tessa de Alarcón
ISBN: 1-930879-44-X

A mis padres, con amor

INDICE

Helena María Viramontes en sus propias palabras, por Lydia Rodríguez

Helena María Viramontes en sus propias palabras consiste en una entrevista personal de Lydia Rodríguez con la escritora chicana Helena María Viramontes, en la cual Viramontes habla de su vida personal y de su trabajo creativo relacionado con la historia y la realidad social chicana. Ademas, Viramontes habla de temas controversiales, como la estética de sus trabajos, la literatura chicana o mestiza en los EE.UU., la realidad social de las mujeres chicanas y otros asuntos políticos y teóricos.

Viramontes es autora de *The Moths and Other Stories* y *Under the Feet of Jesus* y co-editora de *Chicana Creativity and Criticism: Charting new Frontiers in American Literature.* Su obra creativa presenta la difícil realidad diaria de la mujer chicana. Ha sido traducida al hindú, al español y al alemán, y se ha enseñado en una variedad de cursos, incluso los relacionados con la geriatría y las artes. Asimismo, Viramontes es una activista que trabaja con escuelas y universidades, y actualmente es profesora de escritura creativa en la Universidad de Cornell.

De los diferentes temas que se tratan en la entrevista, algunos resultarán más interesantes que otros al lector individual, según sus intereses. Una sección importante explora la relación entre la niñez y la juventud de la escritora por una parte, y su obra creativa por la otra. Aquí, gracias a su manera sutil y hábil de hacer la pregunta apropiada en el momento justo, Rodríguez nos revela los orígenes del espíritu feminista de Viramontes tanto como su inspiración para escribir. Los orígenes mencionados se encuentran en sus experiencias tempranas adquiridas en una familia chicana de seis mujeres y tres hombres, y en sus recuerdos de las divisiones que había entre los sexos. Un dato importante es el hecho de que Viramontes empezó a escribir para darles voz a sus hermanas. Continúa la exploración de las influencias sobre su obra creativa cuando Viramontes en una parte de la entrevista habla de su admiración de Toni Morrison y Sandra Cisneros; alaba la capacidad de ambas escritoras de manipular el lenguaje para crear imágenes de una multiplicidad de significados. Otro tema de la entrevista es la relación entre los chicanos y la exigencia de hablar otros idiomas. Viramontes nos apunta que a algunos chicanos no sólo se les privó de la lengua española cuando en la escuela se les impuso el inglés, sino que también se les prohibió el uso de sus lenguas indígenas, las primeras lenguas de las Américas. Como consecuencia, ha resultado que para algunos chicanos el inglés se ha convertido en una segunda lengua impuesta. La entrevista concluye con una conversación sobre la marginalización de la literatura chicana.

Helena María Viramontes en sus propias palabras es un libro fascinante y de sobresaliente valor académico. Contribuirá a hacer incluir a Viramontes en la enseñanza de la literatura. También, gracias a la excelente labor de divulgación de Rodríguez, ya se cuenta con una nueva perspectiva que enriquece nuestros acercamientos a la literatura chicana.

Alyce Cook
Columbus State University

Prólogo

Este libro nació de la necesidad de llenar un vacío, el vacío de no tener una entrevista profunda de Helena María Viramontes, autora quien ha contribuido significativamente a la literatura chicana. Como había poca información sobre la autora y sobre sus pensamientos hacia su propia escritura, el libro les servirá como herramienta útil a los estudiantes, a los investigadores chicanos, y al público en general interesado. He transcrito la entrevista manteniéndome fiel a las respuestas de Viramontes. Espero dar realce al placer por la literatura chicana al compartir con otros lectores las reacciones de Viramontes en el presente proyecto. De tal modo intentamos tratar de comprender su psiquis como persona, como autora y como mujer y por ende entender un poco su narrativa.

En la introducción general explico quién es Helena María Viramontes como mujer y como persona y cómo se transformó en escritora. Después de la introducción hay una narrativa corta que describe cómo Viramontes y yo nos conocimos; a partir de eso, la entrevista comienza. He dividido la entrevista en secciones temáticas en orden de dificultad del contenido para que el lector pueda centrarse en la idea temática. Cada sección se puede leer en el orden proporcionado o en cualquier orden que el lector prefiera.

Quisiera tomar esta oportunidad para expresar mi gratitud a Helena María Viramontes por concederme su tiempo; gracias a su generosidad, este libro puede ver la luz. También, deseo expresar públicamente mi más sincero agradecimiento a la distinguida crítica y amiga Connie L. Scarborough, quien siempre encuentra tiempo para revisar y criticar mis proyectos sin importarle lo que esté pasando en su vida o en dónde se encuentre en el mundo. Además, deseo reconocer a Justine H. Kortesmaki por sus valiosas y profundas sugerencias, realmente ha sido una joya. Mis miles de gracias se extienden a Angeles Beristain Flores por sus charlas intelectuales al teléfono. Finalmente, me encuentro endeudaba con mi compañero Francisco E. Alarcón por su apoyo incondicional.

Lydia H. Rodríguez
Indiana University of
Pennsylvania, 2005

De cómo conocí a Helena María Viramontes

El siguiente capítulo es una entrevista con Helena María Viramontes, en la que ella habla de diferentes temas, tales como su vida personal, su trabajo creativo en conexión con la historia y la realidad social chicana y sus opiniones políticas sobre los chicanos. Viramontes y yo estuvimos en comunicación por dos años. En enero de 1999 la entrevisté personalmente. Viramontes aceptó ser entrevistada en marzo del mismo año en Ithaca, Nueva York. La entrevista abrió una comunicación más íntima entre la autora y yo. Quería conocer personalmente a la autora de las obras a quien yo había leído y escritor por tanto tiempo.

Era el 19 de marzo, el sol brillaba, era un día antes de que yo saliera para Ithaca, Nueva York. Viramontes me iba ir a recoger al aeropuerto aunque aún no nos conocíamos, e iba ir a recoger. Cuando estaba preparándome para mi viaje encontré una foto de Viramontes en un libro y me dio una idea de cómo era ella físicamente. Esa tarde, me fui a caminar por las calles en particular la de Ludlow en Cincinnati, Ohio, andaba en busca de un regalo para Viramontes. Pero, ¿cómo se compra un regalo para una persona que no se conoce personalmente? Lo más cerca y personal que había estado a Viramontes había sido solamente a través de las manchas de la tinta enviadas por el fax. Después de varias entradas y salidas a diferentes tiendas de regalos, caminé a una tienda de vinos que estaba sobre Ludlow. Finalmente decidí comprarle una botella de vino. Con la ayuda del connaisseur, le compré a Viramontes un vino californiano Melange à trois: "Fantaisie."

Al siguiente día, el 20 de marzo, abordé mi avión. Me iba a encontrar por fin con la famosa autora chicana. Una realidad que me llenó de ansiedad y de preocupación sobre la realización. Así como Bernal Díaz del Castillo que recordaba los hechos tan claramente como si hubieran sido ayer, yo también recuerdo todo tan vivamente como si hubiera sido ayer. Mi avión aterrizó en el aeropuerto de Ithaca y a la distancia vi a Viramontes parada.

Esta entrevista es una parte importante al estudio de Viramontes y al estudio de las chicanas porque primero recibí la información de primera mano, segundo, es una profunda mirada al trabajo de Viramontes y tercero es una vista cómo ocurre el proceso creativo de ella.

Esta entrevista me dio la oportunidad de pedirle a la autora de que hablara sobre temas que no habían sido discutidos a fondo ni diseminados en artículos críticos sobre ella ni sus obras. Comencé la entrevista con preguntas sobre su vida, sus experiencias como autora y avancé a temas más desafiantes como la estética de sus trabajos, la literatura chicana o mestiza en los EE.UU, y finalmente hice preguntas sobre asuntos políticos y teóricos.

Mientras entrevistaba a Viramontes observé, primero que ella es una activa humanitaria que no tiene miedo a decir lo que piensa cuando cree que algo es incorrecto o injusto. Segundo, Viramontes se dedica apasionadamente a darle reconocimiento a aquellos seres humanos que no tienen ninguna voz, quienes aguantan en silencio su trabajo sin ninguna queja o recompensa. Tercero, ella tiene un intelecto natural y realista y a pesar de ser una "autora" exitosa o una "profesora de Cornell," no se ha olvidado de sus raíces de clase trabajadora. Viramontes es sincera y humilde. Cuarto, Viramontes es un producto de la hibridación. Su discurso en inglés está salpicado con palabras y frases en español. No se tropieza ni busca palabras en español; simplemente pronuncia las palabras como si fuera algo natural, una característica muy normal de una persona fronteriza.

El siguiente expediente es el resultado de esta entrevista.

Vida personal

Lydia Rodríguez (de aquí en adelante **LR**): ¿Te consideras feminista? Si es así, ¿son tus textos un producto feminista? Si no, por qué entonces tus obras y tu nombre aparecen en las antologías feministas de chicanas o en revistas (Infinite Divisions, Talking Back, Máscaras) donde los críticos te consideran como feminista, por ejemplo en el artículo "Political Identities..." de Sonia Saldívar-Hull.

Helena María Viramontes (de aquí en adelante **HMV**): Siempre me he considerado una feminista. Creo que soy una feminista de hueso colorado que quiere decir desde antes de que hubiera teoría del feminismo chicana. Hay esta clase de existencia de base, desde una realidad mujeril. Nací en una familia de mujeres, tú sabes, una casa que tenía seis mujeres y tres hombres. Como nací en una familia chicana, había estas divisiones entre los sexos. A las mujeres se les daba toda la responsabilidad en cuanto a la limpieza de la casa, de la cocina y de la costura y el hacer todas esas cosas que las mujeres supuestamente tenían que hacer, por supuesto los hombres eran tratados de una manera distinta. Definitivamente tenían privilegios masculinos. Me acuerdo que desde una edad muy temprana, cuando yo tenía cinco años más o menos, se me dio la tarea de barrer la entrada del garaje… cuando lo piensas, cuando piensas, tú sabes, en una niña de cinco años con una escoba parada en la entrada, pues, me parecía como una enorme entrada, tú sabes, y yo me acuerdo estar parada allí pensando "Ay dios esto va a ser un trabajo duro" (se ríe nerviosamente). Y luego, el ver a mis hermanos que se iban a jugar, yo pensaba "Esto no es justo." Para mí, todo esto es parte del feminismo. Hace unas semanas en Georgia, EEUU, escuché a Kate Mallet una vieja feminista y una maravillosa, maravillosa oradora. Ella hablaba sobre la importancia de que las feministas exigieran sus derechos humanos. Y yo siempre he creído eso, siempre. Pienso que hasta cierto punto, la mayoría de nosotras las chicanas que nos llamamos feministas, creemos en eso. Tú sabes, todas hemos visto de primera mano lo que el sistema patriarcal ha hecho e incluso hemos ido más allá del sistema patriarcal para mirar qué contribuye exactamente a nuestras opresiones. La experiencia llama a la teoría o llama el término y para mí es "feminismo." No pienso que soy una teórica sino que soy una mujer muy centrada. Me llamo una feminista. No tengo ningún problema con esos tipos de etiquetas y lo digo orgullosamente: Soy una feminista chicana. Hummm… cuando charlo con mujeres más jóvenes que me dicen, "Caramba, no creo que pueda llamarme una feminista porque me gustan los hombres demasiado." Tú sabes, solamente pienso, "Ay, ay, ay," el feminismo chicano es sobre los derechos humanos. Así pues, sí. Siempre me he considerado una feminista chicana.

LR: ¿Entonces, tus textos son un producto feminista?

HMV: ¡Oh!, absolutamente. Quiero decir, una de las razones por las que empecé a escribir era para darle voz a aquella gente a quien tanto he querido y ésas eran mis hermanas. Además, a las mujeres que conozco como las comadres de mi mamá, mis tías, ésas son las personas que quiero con todo mi corazón y no las veía reflejadas en ningún tipo de literatura que yo leía como estudiante de postgrado o aún en la secundaria. Nada, absolutamente nada, reflejaba quiénes eran, cual era su vida y que pensaban "Ay, estas mujeres son unos seres humanos increíbles. Tienen tanto poder, tanta esperanza, son tan trabajadoras. Dan sus vidas para que otra gente pueda vivir y nadie las honra y nadie les da voz." Y por eso empecé a escribir, para hacer eso, darles palabras, darles voz. En 1981 cuando tuve el problema con mi asesor del MFA que me dijo: "Helena, el problema contigo es que tú escribes sobre los chicanos. Deberías de escribir sobre gente," ¡como si, no estuviera escribiendo sobre gente!, ¡eso hubiera devastado a cualquiera! Para mí, fue lo suficiente para dejar el programa, en 1981 sin recibir mi título, pero no me detuvo en mi escritura y seguí adelante porque quería y quiero a la gente sobre quien yo escribo. Y, yo sabía que esto era sólo una intuición, pero también sabía que esta fuente, esta inspiración venía de una fuente de amor, yo sabía que no podía equivocarme. Yo sabía que no me estaba equivocando, de modo que comentarios como esos nunca me hicieron dejar de escribir. Continué trabajando y publiqué eventualmente *The Moths and Other Stories*.

LR: En otras palabras, porque amabas tu trabajo y amabas a tu gente. ¿Pero, no hubo algún momento en que tú intentaras probarle a tu asesor que él estaba equivocado o era simplemente por amor que escribías?

HMV: Era por amor. Tú sabes, si hubiera continuado... Si hubiera dejado a este hombre en particular asustarme... Si le hubiera creído lo que él decía, yo hubiera sido destrozada y no lo fui. Solamente continué con mi trabajo. Porque como te dije antes, realmente venía de una fuente de amor. Ahora bien, quería ser una mejor escritora. Yo sabía que tenía problemas con el arte. Era una escritora inexperta, sabes. Todavía tengo problemas con el arte y continuaré teniendo problemas. Pero, ves, él criticó a la gente en mis cuentos. El podía criticar mi arte, eso hubiera podido soportarlo. Lo que no pude aguantarle, fue que él dijera que mi gente no era gente. Yo supe entonces que él estaba equivocado y no yo. De modo que por eso me fui y no volví al programa de MFA hasta 1991, bajo la dirección de Thomas Kenneally, director del programa de escritura creativa en UC. El era más inteligente políticamente. El viajaba entre Australia y California.

LR: Parece que él era más abierto a la diversidad cultural.

HMV: Mucho más abierto, e incluso, cuando él vio un bosquejo de *Their Dogs Came With Them*, se entusiasmó mucho y me dijo que cuando él había venido a California por primera vez, sus primeras impresiones fueron los trabajadores, ver cómo corrían a los coches para un posible empleo. Él no tenía ni idea de qué se trataba, sólo veía esta multitud de hombres que se precipitaban a un coche y había un individuo que seleccionaba a dos o tres personas y éstas saltaban en la parte posterior de una camioneta y los otros hombres se regresaban de nuevo a la acera. Y dijo que el hambre increíble de trabajar, fue lo que le sorprendió, como algo asombroso y no había visto a nadie escribir sobre esa gente. Así que estaba verdaderamente emocionado cuando leyó mi trabajo. Él es un escritor que parecía estar más abierto políticamente, más inteligente. Fui muy afortunada de tenerlo como mentor. Mi consejero anterior murió y los otros miembros del comité se jubilaron, por lo tanto había un nuevo departamento que se estaba creando y tomando el control, de modo que fue cuando decidí regresar. Y parte de mi tesis, era *Under the Feet of Jesus*.

LR: Ahora, tú acabas de indicar que tú te consideras chicana.

HMV: Nací en un momento histórico maravilloso, como te decía. Nací en los años 50 y entré en los años 60 donde sucedían cosas radicales. Estaba el movimiento de liberación de las mujeres, el movimiento de los derechos humanos, el movimiento negro, el movimiento chicano. Yo tenía diecisiete años en aquel entonces. Había un sentido de conciencia, de ninguna manera se hubiera podido voltear la cara o esquivar la mirada. Recuerdo incluso, caminando sobre la avenida Brooklyn, que había una tienda que alguien había abierto y tenía un letrero que decía "hablamos inglés." ¡Cosas bellas como eso! Nos poníamos blusas mexicanas. Hummm... era imposible que todo ese activismo no nos afectara de una manera u otra, así que era muy fácil que me involucrara en él. Hombre, Garfield High School tuvo huelgas para mejorar la educación. Era el punto álgido de la huelga chicana, había ocurrido justo sobre el bulevar Whittier. Vi el humo y los alborotos de la huelga, fue una experiencia inolvidable. Sabía que algo horrible había sucedido. Todos estos momentos históricos influenciaron y formaron mi trabajo y al mismo tiempo mi escritura quería honrar a las mujeres. Yo estaba al tanto de la injusticia que existía entre el género masculino y también en la sociedad y verla toda desenvolverse en términos de educación, en términos de empleo, de injusticias raciales, olvídate. No había forma de que no fuera a escribir sobre esas cosas; todo eso me afectó porque todo eso afectaba a la gente a quien yo quería más. Ya sea que fuera el alcoholismo en la comunidad, ya sea que fueran las drogas, hombre, hasta en un punto fue el analfabetismo, hogares sin libros, todo esto era una parte de mi realidad pero también parte de una realidad muy grande. Así que, no había manera que no hubiera podido escribir sobre eso, así pues en cierta manera, sí, haciéndome, llamándome chicana, viniendo de un marco chicano, me dio una visión más abierta para entender mis realidades. Una vez que comprendí eso, pude utilizar mi literatura en maneras que no hubiera podido hacerlo si no hubiera comprendido mi lugar en la historia.

LR: Pero, qué te hizo decir "yo voy a ser escritora, yo voy a sentarme a escribir esta vida dura e injusta." ¿Por qué no escogiste ser activista política o abogada?

HMV: Bien, creo que esto regresa a lo sagrado de la palabra escrita. Crecí en un hogar sin libros. No teníamos libros en la casa. Cuando mis hermanos mayores comenzaron a ir a la escuela, fue cuando traían los libros a la casa. Pero nunca hubo libros alrededor, eventualmente, mi padre compró una colección de enciclopedias del mundo de 1965; todavía las tenemos en la casa. Eran espectaculares, sabes. No nos permitían tocarlas porque no estaban pagados. Pero nunca le digas a un niño que no haga algo porque el deseo aumenta. Así pues, sacaba un volumen y me metía al baño y lo leía. Amaba las enciclopedias, las amaba porque cualquier cosa que deseaba saber estaba allí. Al mismo tiempo, mi hermana mayor Mary Ann, tenía una biblia que también me gustaba leer. Era una biblia gruesa, hermosa grande, forrada de piel, era preciosa. Leía las parábolas y luego se las contaba a mis hermanos menores. Ellos me miraban sin parpadear como... ahhh... (con la boca abierta). Creo que ésas fueran las dos influencias que me convirtieron en lectora. Al crecer, descubrí la biblioteca pública.

Me di cuenta que cada vez que abría un libro aprendía algo. Ya sea que hubiera cierta verdad, como la Biblia o hubiera cierta información como en las enciclopedias. Pues, yo sabía que cada vez que yo veía algo impreso, yo sabía que tenía que tener esos elementos o uno de ellos--que yo aprendería algo sobre mi ser o sobre el ser humano. Era tan impactante, los libros me hacían diferente de mis hermanos, así que me convertí en un lector ávido. Me convertí en esa gente que va a la biblioteca pública. No como Sandra Cisneros que sacaba los libros cada semana. Ella y su madre eran lectoras ávidas e iban una vez por semana a la biblioteca. Yo iba a la biblioteca a menudo y me sentaba allí a leer y luego me regresaba a casa, porque ya sabes, el estar leyendo cuando la cocina estaba sucia no era buena idea porque te conseguías unas nalgadas por haber estado sentada. La lectura era considerada como una cosa del ocio. Y así lo es, cuando tú eres de la clase trabajadora. Ya para el momento de graduarme... me tomó más tiempo que la a mayoría. Lo que quiero decir, no escribí mi primer cuento hasta que estaba en mi último año de la universidad. Yo no era una Lorna Dee Cervantes que a la edad de ocho sabía que iba a escribir y publicar sus primeros poemas a esa edad. Nadie, nunca me dijo, "sabes qué, ¡tú puedes escribir!" Nadie nunca me dijo algo semejante, pero cuando llegué a la universidad, me di cuenta que eso era lo que yo quería hacer. Me di cuenta que me gustaba leer, que me gustaba la literatura, siempre me regresaba a algo nuevo. Así que cuando decidí escribir mi primer cuento, fue de pura inspiración de leer novelas como Pedro Páramo. Ese mundo increíble donde podía embromar mi imaginación e involucrar mis sentidos; la novela me hizo querer regresar para armar las piezas. Simplemente me encantó la lectura de esa novela y pensé, "¡Diablos! Yo quiero intentar hacer esto, quiero ver si yo puedo hacer esto." Y eso fue cuando lo intenté con "Requiem for the Poor." Y así fue cómo comencé a escribir.

LR: "Requiem for the Poor," entonces, ¿no solamente te ganaste el primer premio sino que fue tu primer cuento también?

HMV: Sí. Y lo primero que hice cuando recibí los $25.00 del primer premio fue dárselos a mi mamá. Mi mamá se dio cuenta... (Viramontes se ríe) "sí hay algo en esta escritura." Pero luego de nuevo, nunca fue claro para mí que yo era escritora. Continué escribiendo porque realmente quería escribir sobre esas mujeres sin voz. Aquí estaban viviendo, existiendo, respirando, amando y nadie las reconocía como los seres humanos vibrantes que eran. Entonces, fue cuando comencé a sentir la necesidad de escribir sobre ellas, sobre su existencia. Y entre más compartía mi trabajo, la gente más decía, "¡Ay, eso me hace recordar a mi padre o que me hace recordar a mí, o ay, eso me hace recordar a mi madre, oh! Eso me hace recordar a mi..." Entre más recibía esos tipos de comentarios, más me daba cuenta que yo no solamente estaba escribiendo sobre la gente de mi familia, no estaba escribiendo sobre mí. Yo estaba escribiendo sobre mi comunidad. Así pues, cuando me di cuenta de eso, fue cuando me hice más asertiva, en términos de ser mejor escritora para representar nuestras historias en el mundo.

LR: ¿Quién escribe? ¿Tú, la madre, esposa, Viramontes cotidiana, o la persona imaginaria que tu público ha creado como autora?

HMV: Pues, es buena pregunta. Sé que el público realmente siente que los escritores son seres humanos infalibles sin averías, sin defectos y eso no es verdad. Cuando me siento a escribir, me siento con un tipo de franqueza. Realmente quiero recibir cierta clase de imagen del cosmos. Realmente quiero crear una nueva idea. Realmente quiero crear una buena oración, quizá porque mis aspiraciones en ese punto son tan humildes. No veo al escritor con la "W" mayúscula.[1] Veo los ritos y eso, es lo que pongo con la "W" mayúscula.[2] El ritual de sentarse para meditar la verdad, de meditar la imaginación, de meditar sobre el carácter y en el ser humano. Y por lo tanto, el ser madre, profesora, mujer y el ser chicana es todo parte de eso. Cuando tengo que insistir en que soy escritora, me pongo en el ciclo de la escritura, donde digo, "Esta es la hora u horas que tengo para sentarme con ella [la escritura], éste es mi trabajo, para esto me pagan, ya sea que tenga buen día o no, no importa." Sabes, es cuando me obligo a decir, "tú eres una escritora y éste es tu trabajo."

LR: ¿Nunca pensaste en estudiar otra carrera?

HMV: No... en realidad, hijos, no. Estoy tan contenta que la escritura me haya elegido a mí. Estoy tan contenta de ser escritora. Ésa es la única cosa que parece que hago bien, no maravillosamente, pero lo bastante bueno para que la gente se conecte, eso es todo.

LR: A medida que crecemos y nos formamos, hay ciertos autores que favorecemos porque alimentan nuestra ideología. ¿Quiénes son tus autores favoritos? ¿Qué escritores contemporáneos te gustan?

---

[1] En inglés se escribe con "W" (*writer*). Viramontes está jugando con esta palabra.

[2] Viramontes tiene un artículo titulado "The Writes Ofrenda" y un libro, que co-editó con Herrera-Sobek, titulado *Chicana (W)rites: on word and film*. Ella está jugando con la letra "W".

HMV: Es bastante ecléctico. Leí *The God of Small Things* de Arundahati Roy, un escritor hindú; una novela fabulosa, fabulosa. Estoy releyendo *Beloved* de Toni Morrison para estudiar la estructura de las oraciones para algún trabajo que elija mi fantasía. Estoy leyendo *Beloved*, estudiándola, pero también estoy leyendo *Tailer Park* de Russell Banks. Así pues, no sé; hay toda clase de escritores.

LR: En otras palabras, lees lo que al momento quieres. No tienes una preferencia.

HMV: ¡Exactamente! Lo que se me antoje...

LR: ¿Prefieres escribir ensayos o artículos que ficción o viceversa?

HMV: ¡Oh! Prefiero siempre la ficción. Las únicas veces que he escrito ensayos es porque la gente los solicitó. He escrito tres de ellos. "Nopalitos..." fue el primero y fue por el ánimo maravilloso de Nancy Sternbach que me dio muchos ánimos en un tiempo cuando mis hijos eran muy pequeños. Simplemente no tenía el tiempo para sentarme y luego me aterré cuando finalmente escribí algo. Pensé: "Ay, esto es una... qué pedazo de mierda. Lamenté haberlo enviado y por una semana estuve "Ay, probablemente se van a reír de esto. ¿Qué es lo que estoy tratando de hacer?" Tú sabes, cambiar los pañales de mis chiquillos y después intentar escribir ese ensayo. Y luego llamó [Nancy Sternbach] y dijo, "Oh, nos encantó. Solamente queremos hacer esto y hacer lo otro con él." El segundo ensayo, titulado "La ofrenda...," fue escrito para Daniel Martínez quien estaba componiendo una ópera urbana llamada Ignore the Dents. Me preguntó que si querías hacer un ensayo para el catálogo y de nuevo tenía como diez chiquillos que se estaban quedando conmigo durante el verano porque todos iban a ir al campamento de ciencias de verano en UC Irvine. Mi casa estaba llena. Tenía que levantarme muy temprano para pensar en este ensayo de "La ofrenda."

LR: Sí, éste es el ensayo "The Writes Ofrenda."

HMV: Ahora estoy trabajando en uno titulado "Being a Border." Es uno que hice con un estudiante mío de posgraduado que se llama Juan Mah y Busch, presentamos juntos en Colorado. Es realmente un ensayo interesante porque trata de toda esa cuestión de la imaginación, es el tipo de información del que yo estoy verdaderamente interesada; de cómo el proceso creativo trata con la imaginación y cómo ese proceso engancha al lector. Toni Morrison habla mucho sobre cómo la escritura es un acto solitario pero para completar ese acto también se necesita un lector; que es verdad, para completar ese proceso entero de literatura. Sin eso, sin lo que ella llama el baile de la mente, el acto es solamente medio completo como escritor. Ahora estoy trabajando en ese ensayo, pero es casi porque me están empujando, sabes. Con excepción de eso, ¡no! Prefiero mil veces sentarme a escribir ficción.

LR: ¿Por qué ficción?

HMV: ¿Por qué? Porque es tan divertida; es algo que

me envuelve constantemente. Es algo que hasta es un dolor en el culo, pero puedo sentarme por horas y trabajar en ella. Me paso buen tiempo trabajando en ficción.

LR: Entonces, para resumir, tus temas son particularmente sobre la mujer mexicoamericana de la clase trabajadora. Escribes sobre esta gente porque esto es lo que te rodeaba, tú mencionaste que son tu gente.

HMV: Sí, eso es. Sabes, sin embargo, estoy explorando personajes fuera de mi campo de experiencia. Por ejemplo en *Their Dogs Came With Them* tengo un personaje que es mujer y es ministro. Tengo otro personaje que es una lesbiana. Estos personajes están naciendo y creciendo de experiencias que no son tan íntimas. Creo que está bien; sé de ellos pero no son parte de mis experiencias personales, de modo que me estoy empujando como escritora para explorar estas cosas. Así pues, aún estoy creciendo como escritora y continuaré creciendo como escritora, creo yo.

LR: ¿Qué idioma aprendiste primero, el inglés o el español? O como en el caso con muchas chicanas, ambas lenguas al mismo tiempo, es decir, bilingüe.

HMV: El español. Era hispanohablante los primeros años de mi vida.

LR: ¿No creciste bilingüe?

HMV: Pues, lo que sucedió fue que entré al sistema escolar público. En aquellos años de 1960, 1961, aprendimos que no era una buena idea hablar español en público porque recibíamos un castigo cuando lo hacíamos. Esta es una experiencia de muchos chicanos.

Mi madre fue a la misma escuela secundaria que yo. Era una chicana de tercera generación, realmente hablando. Por tanto, hablaba muy buen inglés y escribía muy bien en inglés, pero ella prefería hablar en español. Mi padre era el menor de su familia y la mayoría de sus hermanos habían nacido en México, pero mi abuelo se vino a los EEUU para trabajar en las minas de Arizona, así que allí es donde nació mi padre, MeCalf, Arizona. Aún había ese gran lazo con México por el lado de mi padre. Cuando mi abuelo decidió mudarse para LA (Los Angeles, California) con su familia mi papá era más mexicano que chicano. Mi madre era chicana, así que yo les hablaba en inglés y ellos me contestaban en español. Por lo tanto podía entender el español muy bien pero no podía hablarlo bien, no lo suficiente como para llevar una conversación. Sabes, Cherríe Moraga escribe sobre esto también; porque es como reaprender el idioma con que creciste porque si no, sientes que hay una parte de tu mundo que te han quitado. El mundo estaba en español. Y cuando piensas, como ha sido arrancado de tu vida es terrible.

LR: ¿Sientes que dominas un idioma más que el otro?

HMV: Sabes... por eso la escritura es tan perfecta para mí porque lucho, yo lucho constantemente con el inglés, constantemente, mi vocabulario. De hecho mi hijo incluso me dijo que mi vocabulario era muy limitado (las dos nos reímos). Es verdad.

LR: Tus trabajos sin embargo, salen maravillosamente. El lector no podría detectar la lucha que tienes con el inglés.

HMV: Pues, las palabras me intrigan. Periódicamente voy al diccionario y saco palabras y me divierto con ellas, las empujo, busco lo que significan, o les doy nuevos significados, para ver si puedo salirme con la mía, con los nuevos significados de estas palabras. Eso es lo que es la escritura, una lucha constante con la lengua y no me siento cómoda en ninguna de las dos. No me siento cómoda en el inglés y definitivamente no me siento cómoda en el español.

LR: Eres autora y profesora de escritura creativa. ¿Has enseñado algún curso de literatura? ¿Si es así, qué curso enseñaste y qué obras incluiste?

HMV: Sí, enseñé dos cursos de literatura. Al principio me opuse a enseñarlos, pero para darle el remate a mis experiencias en la enseñanza lo hice. El primero fue lecturas de ficción, que era un seminario para aquellos estudiantes avanzados del primer año de redacción que estaban abiertos a cualquier cosa que yo quisiera enseñar. De modo que yo solamente sacaba novelas pequeñas como la *Metamorfosis* de Kafka, *A Room of Ones Own* de Virginia Wolf, *Il Postino*, que me encantó y qué más... y M. Scott Momoday. Comencé con las preguntas: ¿para qué estudiar literatura?, ¿por qué es importante la literatura para nosotros? Les planteé esa pregunta, así que tuvimos una gran discusión sobre eso. Cómo es tan esencial, cómo es esencial la literatura, quiero decir el regresar siempre a esta idea de obtener esta información, de conseguir la verdad.

LR: ¿Has intentado enseñar obras chicanas?

HMV: ¡Oh sí! Por supuesto *The House on Mango Street* de Sandra [Cisneros] en por supuesto, absolutamente. Sí, había cinco textos que utilicé, el otro era Kane. Así que había Sandra, James Toomer, Kafka, Virginia Wolf, Skármeta.

Después enseñé un curso de literatura sobre los latinos en los Estados Unidos, que fue muy divertido, pero esa lista de libros no fue una que yo hice. Era una lista que hizo otro miembro del profesorado quién estaba con permiso de estar ausente de la universidad, me preguntó si podría cubrir su clase, así que lo hice. Fue realmente maravillosa la manera que él... quiero decir que fue una lista de libros que había pensado bastante en la lectura y una que gocé enseñándola.

LR: Ronaldo L. Ruiz autor de Giuseppe Rocco en La Octava Conferencia De La Universidad de Nuevo México Sobre La Cultura y La Sociedad Ibero-Americana, comentó sobre la dificultad de publicar libros chicanos, el suyo en particular. ¿Qué dificultad has tenido en publicar y en comercializar los tuyos? ¿Si ninguna, por qué crees que no has tenido tanta dificultad?

HMV: Bien, yo pienso que los escritores tendrán

siempre dificultades para publicar. Una de las cosas que me di cuenta y de nuevo esto fue a finales de los años 70, es que no se nos estaba publicando. Así, ¿qué haces si no te están publicando? Pues, lo que nosotros hicimos fue que empezamos una revista, *Xhisme Arte*, y comenzamos un grupo de escritura, La Asociación de Escritores Latinos (*The Latino Writers Association*). Y por unos cuantos años nos vimos, escribimos, criticamos y cuando hicimos bastante dinero, dependiendo de las becas, pusimos la revista en el mercado. Así fue como publiqué "The Reconciliation," and "The Moths."

"The Moths" salió de *Xhisme Arte*. Por eso es que yo creo en el espíritu de las pequeñas editoriales. Tenemos que apoyar nuestras pequeñas editoriales. Siempre apoyan nuestro trabajo. Es un mundo difícil, quiero decir. Por unos cuantos años... tengo un archivo de cartas de rechazo. Es como un tipo de ceremonia de iniciación para todos los escritores y guardo los míos para cuando la fama se me suba a la cabeza, solamente tengo que leer todas las cartas de rechazo. Y también, tengo mis cartas de orgullo. Cuando me siento realmente humillada y siento que ya no puedo continuar, tú sabes, leo ésas y me siento mejor (Viramontes estalla en risa). Pero sí hay problemas verdaderos con publicar y realmente a cualquier edad... Sé que en los ochentas, por ejemplo, hubo un tiempo en que era muy difícil publicar, con los años de Reagan. Tenías esa reacción violenta de verdaderos conservadores idiotas que no querían darle ningún tipo de financiamiento a las imprentas pequeñas. Por la bondad de las billeteras de la gente, tú sabes, apenas con poco dinero, *Xhisme Arte* pudo arreglárselas. Pos sí, yo creo que tendremos problemas siempre. Pienso que a lo que él [Ronald L. Ruiz] se refería, era que es aún más difícil publicar en español, esa es la cosa más difícil.

LR: ¿Es por eso que decidiste publicar con la prensa de Arte Público?

HMV: Sí. Arte Público aceptó mis manuscritos en 1983 y no salieron hasta 1985. Así pues, sí... Te digo con toda franqueza que realmente nunca pensaba publicar. Hoy en día los estudiantes de MFA y escritores, tan pronto como terminan un cuento lo envían. Después de que recibí mis cartas de rechazo, pensé: "No voy a enviar estos cuentos de nuevo." Así que esperé hasta que alguien, "Podría... Oí de tu trabajo, tienes algo que podría ver" y se los enviaba. Poco a poco publiqué de esa manera. Conocí a Nick[3] en la Conferencia de Escritores Americanos (*American Writers Conference*), le dije, "tengo un par de cuentos." Y él me dijo, "envíamelos."; se los envié en el ochenta y uno. Me contestó en el ochenta y tres y los cuentos se publicaron en el ochenta y cinco. Sabes, se tomó su tiempo pero, en aquella época, la casa editorial estaba realmente, pero realmente luchando contra fuerzas mayores.

En el caso de Penguin, simplemente se lo envié a mi agente. Lo terminé; me llamó ella un mes después y dijo, "Solamente para decirte que ¡está allá fuera, está allá fuera en el cosmos!" Semanas después,

---

[3] Viramontes se está refiriendo a Nicolás Kanellos. Kanellos es el fundador y editor de la casa editorial Arte Público, la casa editorial hispana más vieja de la EE.UU.

los editores empezaron a responder.

LR: En tu ensayo "Nopalitos: the Making of Fiction" hablas de tiempo, de cómo es difícil encontrarlo y que otros lo respeten. ¿Aún te tropiezas con este problema? ¿Y ahora que estás enseñando cómo afecta ello tu tiempo para escribir?

HMV: En el 1987 cuando escribí "Nopalitos," la cosa es que... era casi como un echar hacia atrás cuando estaba en la casa de mi madre. El leer un libro, por ejemplo, era visto como ocio y si había trabajo que se tenía que hacer esto era un gran "No," especialmente para una mujer, ¡Olvídate! Al principio cuando me casé y tuve mis niños, tuvieron que aprender que mamá era una escritora. Tuvieron que aprender. Cuando estaba escribiendo *Under the Feet of Jesus*, me levantaba a las cuatro de la mañana para escribir. Francisco se levantaba a las seis y él se me acercaba; y yo decía: "Francisco mijo, a menos que la casa se esté quemando o a menos que tú te estés quemando, por favor mijo, éste es el tiempo de mamá." Y a veces él se venía, se traía su cobija y su almohada y se acostaba al lado de mí mientras que terminaba de escribir. Si yo estaba sacrificando mi sueño, si estaba sacrificando tanto, ellos tenían que saber cuánto significaba para mí, así que se dieron cuenta de eso. Ahora que estoy enseñando y ahora que soy mayor, es muy difícil levantarme a las cuatro de la mañana (se ríe nerviosamente Viramontes). Pero los chiquillos son mayores también; se van a dormir a las once y yo no puedo dormir antes, quizás, pueden estar viendo la tele hasta la medianoche mientras que estoy roncando. Se quieren levantar en la mañana para la escuela, así que, ¡Olvídate! Tengo que asegurarme... para que yo me pueda dormir. El escribir en la mañana, no es bueno. Los días que no enseño, me levanto a las cinco y media para leer y luego me hago un horario. Así pues, es muy difícil... sabes, la cosa es... esto es lo que les digo a mis estudiantes y esto es lo que le digo a la gente también, si quieres realmente, pero realmente escribir, tienes que hacer un espacio en tu vida. Nadie puede estar más ocupado que una profesora, una escritora, una madre y una esposa como yo. Y si yo puedo todavía encontrar una hora aquí y otra allá entonces tú puedes también. Por eso tienes que decir, "yo soy escritora y yo necesito hacer esto porque es mi trabajo." Cuando es tu trabajo, entonces tú lo haces ya sea que te guste o no.

LR: ¿Cuál es la extracción de tus estudiantes, es decir su extracción étnica?

HMV: ¿Aquí?

LR: Sí.

HMV: Bien, como es una clase de escritura creativa, la mayoría de mis estudiantes son estudiantes blancos, algunos judíos. También algunas veces tengo estudiantes afroamericanos y latinos. Me parece que tengo una buena mezcla de estudiantes aquí. Al principio cuando llegué aquí pensé: "¡Ay dios mío! Es un "Ivy League."[4] Esto va a ser un dolor de cabeza." De

---

[4] Conjunto de universidades más antiguas y más prestigiosas de los EEUU.

hecho, los estudiantes aquí son buenos, especialmente cuando están realmente interesados en la escritura. En los años que he estado en Cornell, he tenido solamente un problema con un estudiante, pero realmente y sinceramente creía que él no estaba bien. Con excepción de ése, la mayoría de ellos, si no todos, son hermosos seres humanos realmente respetuosos. Aprendo de ellos también, sabes, aprendo de ellos también. Por otro lado tengo mis estudiantes latinos y éstos están abiertos a todo y son tan animados y están listos para luchar y son tan empedernidos y son tan... me dan mucha inspiración. Me da gusto que mi experiencia de enseñanza y mis experiencias con estudiantes latinos hayan sido muy positivas porque al principio cuando llegué, la mayoría de mi experiencia en la enseñanza era en la comunidad, como parte de la Asociación de Escritores Latinos (*Latino Writers Association*).

Por años, hicimos talleres en la comunidad, los tecatos[5] y los alcohólicos venían, así como otros escritores. ¡Pero estaba bien! Quiero decir, si estaban dispuestos a escribir y estaban dispuestos a leer y a compartir y a hablar seriamente, ¡Adelante! Era maravilloso, era una experiencia maravillosa. A veces una persona aparecía (Viramontes se ríe), algunas veces teníamos quince. Pero cada jueves, hombre, estábamos allí, cada jueves estábamos allí. Cuando enseñé en Cal State LA,[6] los estudiantes eran totalmente de clase trabajadora.

LR: ¿Te comunicas con el Departamento de Lenguas

---

[5] Argot puertorriqueño para drogadicto.
[6] Universidad del Estado de California, Los Angeles.

Romances aquí en Cornell?

HMV: No realmente no. En el pasado sí. Un profesor del departamento me planteó la idea de enseñar una clase de escritura creativa en español, pero eso es un problema. Alguna gente piensa que porque soy chicana hablo español, lo que me hace encoger... porque luego pienso: "Ah... hay algo mal conmigo, estoy lisiada, estoy incapacitada. Al final, le dije: "¡Pienso que es una buena idea, debes ofrecer este tipo de clase a tus estudiantes, pero no puedo hacerlo yo! No domino el español."

LR: ¿Es con algunas palabras / vocabulario en español que te sientes insegura, o tienes problemas con la sintaxis? ¿O es que no lo has practicado lo suficiente?

HMV: Pues solamente he tenido dos cursos de español. Uno de ellos era español básico en mis días de estudiante, era apenas para acostumbrarme a los tiempos verbales, cosas como eso. Después tuve un curso de literatura y con una profesora maravillosa, ella nos hizo trabajar. Apenas me acuerdo de tener que leer textos y tener que, tú sabes, pasar horas y horas descifrando el texto línea por línea. Y pues, fue algo que logré hacer. (Viramontes comienza a reírse nerviosamente) creo que saqué una "C," pero fue una cosa verdaderamente difícil.

LR: ¿Así que, rechazaste la oferta del profesor?

HMV: (Viramontes asiente con la cabeza) Aunque pensé que era buena idea... ¡era muy buena idea. Y eventualmente lo que sucedió fue que emplearon a un profesor que es también escritor en el Departamento de Lenguas Romances. Y la primera cosa que él hizo fue tener un curso de escritura creativa, que fue muy, muy bueno.

A veces, el Departamento de Inglés es mucho más hostil en emplear escritores chicanos, otras veces es el departamento de español, depende de dónde te encuentres, sabes. He viajado tanto que ahora puedo decir que ambos departamentos han abrazado a nuestros escritores más y más.

LR: ¿Cuánto tiempo te toma generalmente para escribir uno de tus cuentos? ¿Y por cuántas revisiones pasas?

HMV: Pues, considerando que no he escrito ningún cuento en tanto tiempo, no sé; es difícil contestar a esa pregunta. Diferentes cuentos trabajan de diversas maneras. El "Caraboo Café" me tomó cerca de seis meses escribirlo. "The Moths" me tomó como dos semanas. Era una de esas historias que se me pegó y se desarrolló en mí. "The Long Reconciliation," yo recuerdo haber trabajado en él por dos años, pero no todos los días. Hace clic... todo depende. Me doy cuenta que cada cuento / historia tiene su propia génesis, su propio límite de tiempo, sabes, terminas cuando el cuento / historia termina; no cuando tú piensas que se termina o cuando es el final. Y luego de allí, me fui con la novela, aunque me estoy muriendo de ganas de regresar con el cuento. Extraño la forma. Ha sido un tiempo largo.

LR: ¿Es decir, no hay un número de revisiones que tú puedes decir que haces?

HMV: ¡Sí! Está terminado cuando está hecho. Aunque siempre... constantemente, estoy revisándolo, estoy constantemente revisando cada obra, estoy re-escribiéndola. Ahora bien, la novela, *Under the Feet of Jesus*, me tomó dos años y medio. Fue bastante cincelado y cuando terminé una parte, estaba fuera de contacto de la novela para este entonces, sabes. Así que cuando el proyecto se había terminado, sabía que había huecos que se tenían que rellenar para que brillara, pero el proceso de escribir, realmente ya estaba terminado.

LR: Indicas también en "Nopalitos: *The Making of Fiction*" que vienes de una familia de once. Que al principio tu madre no era muy receptiva a tu carrera o tiempo y que no fue hasta después que recibiste tu primer premio que ella se hizo más receptiva. ¿Y tus hermanos? ¿Cuál es la reacción de tener una hermana que es autora? ¿Te proveen ellos con algunos cuentos o algunas ideas para desarrollar? ¿Cómo ha respondido tu familia a tu escritura sobre estas mujeres mexicoamericanas no tradicionales que están teniendo abortos, cuestionando a los sacerdotes, cuestionando a papá?

HMV: Están muy orgullosos, quiero decir, pero hay... Me supongo que es una evolución con la relación conmigo como escritora. Lo que ven primero, por supuesto, siempre es a su hermana. Solamente mis hermanas han leído mis obras. Recuerdo una vez en que mi papá fue... a mi papá le gusta acompañarme a veces cuando hago lecturas en Los Angeles. Ya ha ido a cuatro o cinco de ellas, se pone traje y todo... pero me acuerdo de la primera vez. Leí en Cerritos College. Era muy divertido... te digo Lydia, era tan divertido porque dices que soy una persona sencilla y te digo que siempre hay algo que me da una lección de humildad. Recuerdo ir (Viramontes estalla en carcajadas), ir a este... me invitaron unos amigos de la biblioteca en Cerritos College para hacer una lectura, así que llego allí en mi auto y veo esta cola larga de gente en el auditorio y estoy pensando: "Hijos, esto debe ser el auditorio equivocado" (Viramontes no puede parar de reír). Estaciono el coche y estoy mirando y mirando y finalmente encuentro a una mujer que me dice, "Sí, este es el lugar" y no me cabía en la cabeza que había una cola de gente que venía a oírme a leer, sabes es como "¡WOW!" Es como: "¿Están haciendo fila por mí'?" Así pues, estaba mi papá conmigo, verdad, pues mi padre estaba impresionado, por supuesto. Entonces comienzo a leer y comienzo a leer "The Moths."

Mi mamá y mis hermanas vienen y me escuchan leer pero nunca lo había hecho mi padre. Hasta mi mamá se cansaba. Me decía, "Bien, ya he estado en una de tus lecturas" cuando la invitaba otra vez. Y luego ella salía con, " Ay, está bien, qué bueno." Y eso era todo.

Pero esta fue la primera vez para mi papá. Se me prendió el foco cuando estaba leyendo "The Moths," en la sección en donde el padre, tú sabes, le está diciendo que vaya a la iglesia a la azucarera y cosas como ésas, ¡esas cosas son directamente de la realidad, sabes! Y a medida que lo leía, yo realmente, como que me paré porque me di cuenta: "¡Ay dios mío! Mi padre está aquí." Estoy leyendo esto a este público y era sobre mi padre. Las palabras me salieron atropelladas en esa sección en particular. Fue la primera vez que yo estaba consciente del hecho de que yo podría estar violando, quizá, la privacidad de mi familia sin querer. Dejando ver su privacidad al público para toda esta gente que no nos conoce, esta visión forzada de mi papá, me sentí muy mal después de leer el cuento. Estaba firmando y firmando libros mientras que mi padre me esperaba pacientemente y yo que me moría porque sabía que él se había reconocido en el cuento. Finalmente le pregunté, "Papá, ¿te gustó la lectura?" y me dijo, "Sí, sí" y yo le dije, "Oh, te gustó." Y él me dijo, "Sí, pero tengo una cosa que decirte" y dije, "¡Oh mierda!..." Y él dijo, "No utilices tantas maldiciones." Y luego me di cuenta que él no se reconoció en el cuento. Por lo tanto, me sentí mejor y ahora ésa es la manera en que pienso.

Ahora estoy un poco más conciente del hecho de que si voy a utilizar algo de la realidad, tengo que ser considerada con la gente a la que posiblemente pueda ofender.

Cuando salió *Under the Feet of Jesus*, había esta campaña maravillosa en los medios de comunicaciones. Hombre, hasta mis hermanas estaban atadas a toda esta manía. Tenían *Under the Feet of Jesus* en dondequiera, sobre la mesa del centro, *Under the Feet of Jesus* en los estantes, tú sabes dondequiera... quiero decir, ellas están tan orgullosas de mí. Pero luego me pongo a pensar, solamente (Viramontes comienza a reírse) una de mis hermanas ha leído la novela, soy solamente su hermana.

LR: ¿Crees que tus hermanas no han leído tu novela porque no quieren o porque no han hecho un tiempo y espacio?

HMV: Tienes que entender que todos nosotros crecimos con la idea de que la lectura era un ocio y no era para las mujeres. Las mujeres Viramontes cuidaban la casa. Había y hay muchas cosas que hacer. El ocio no es algo que se nos dio.

LR: ¿Dónde y cómo encontraste tu voz? ¿Emulaste a otros autores como Cisneros lo hizo y después encontraste lo que funcionaba para ti?

HMV: Pues... Me imagino, regresando de nuevo a lo sagrado de la palabra escrita... Yo... porque yo empujaba las palabras, porque me siento tan incómoda con los idiomas, porque estoy tan fascinada con el argumento del cuento, porque tengo esta inspiración de amor de intentar hacer justicia a las voces de estas mujeres a quienes tanto amo, todo esto me he dado una sensación de experimentación, de trabajo, de fascinación y de curiosidad de lo que posiblemente pudiera hacer. Y como resultado, no tengo una voz. Pienso que mis voces son diferentes, dependiendo de las historias y de los argumentos y del argumento que tengo para cada una de ellas. La única cosa que pienso que intento hacer, es dar autoridad a esas voces una vez que las encuentro. Darles la autoridad para que la gente las pueda escuchar con cierta credibilidad. Pero eso es todo... No sé. Pienso que Sandra [Cisneros] es más talentosa en esto, lo que quiero decir yo realmente, pero realmente, y no lo estoy diciendo porque ella es una amiga, pero creo verdaderamente que ella es brillante. La pongo al lado de Toni Morrison como ejemplos de escritoras que yo quisiera ser. Pero no pienso que las copio; las estudio. Una de las razones por las cuales son tan maravillosas es porque son únicas, son su propio ser como escritora.

LR: ¿Haces tus propias traducciones al español? ¿Si no, cómo eliges a tus traductores puesto que tus obras han sido traducidas al hindú y al alemán también?

HMV: *Under the Feet of Jesus* fue traducida al alemán, por decisión propia, de la casa editorial Penguin. Fue la casa editorial alemana que lo compró, así que no tuve nada que ver con eso. Una mujer de la India con una beca Fulbright, me dijo que estaba compilando una colección de escritoras americanas y quería incluir uno de mis cuentos titulado "Snapshots." Lo tradujo al hindi. Después me llamó: "¿Sabes qué? Se oye tan bien en hindi." También me escribió una carta diciendo, "Olga Ruiz podría ser cualquier mujer de la India." Fue realmente muy agradable. Ella estaba tan contenta con su traducción.

Una profesora en UC Irvine, como parte de su enseñanza de traducción al español, hizo que algunos de sus estudiantes de postgrado tradujeran un capítulo de *Under the Feet of Jesus*, pero la novela no se ha traducido completamente al español. Es muy extraño que nadie haya ofrecido los derechos para traducirla al español. Así pues, ¿quién sabe?

LR: Has co-editado dos libros con María Herrera-Sobek. ¿Dónde la conociste y por qué decidiste trabajar con ella? ¿Me puedes decir también cuál es la diferencia entre editar un libro con alguien y escribir una obra de ficción?

HMV: María y yo nos conocimos hace mucho tiempo. María fue la primera persona en contactarme de UC Irvine cuando gané el concurso literario chicano. Ella era la directora del comité, me enviaron un telegrama porque no podían encontrarme en la casa de mi mamá; el telegrama decía que había ganado el primer premio en el concurso literario de chicanos de ficción en UC Irvine. Así pues, cuando llegué allá, fue la primera vez que conocí a María Herrera-Sobek. Lo que me llamó la atención de María era su espíritu. Es una guerrera increíble para las escritoras chicanas. Amaba nuestro trabajo y luchó para que se enseñara, para luego ella enseñarlo. Ella luchó por la publicación de nuestra literatura, ella la revisaba, donaba dinero. Lo que quiero decir es que la respeto. Ella es increíble. Poco después cuando comencé a asistir a UC Irvine, empecé a trabajar con ella. Nuestro primer proyecto juntas comenzó con "Tú sabes, es cómico María..." El libro de Marta Sánchez sobre la poesía chicana, acababa de salir y fue el primer libro sobre poetas chicanas.

LR: Sí, Yo lo conozco.

HMV: Bien, cuando recién salió, yo estaba intentando organizar una lectura de escritoras chicanas y había contactado a Alma Villanueva, que en aquella época estaba muy molesta por la crítica que le hizo Marta Sánchez a su trabajo, ella dijo, "Ya estoy simplemente tan cansada. Ya no quiero nada que ver con las universidades." Su declaración realmente me hizo pensar y fui con María y le pregunté, "¿Por qué no hay diálogo entre las escritoras chicanas y las críticas chicanas?" Eso es importante porque todas estamos bebiendo del mismo río. Tengo cartas de Alma, que estaba a punto de demandar. Así que, le dije a María que debería hacer esta conferencia y que deberíamos incluir este tipo de diálogos--Alma Villanueva la escritora y Marta Sánchez la crítica. De modo que eso fue lo que creó toda esa idea, tú sabes: "Vamos a reunir a las escritoras chicanas y a las críticas chicanas." ¡Fue un éxito increíble, increíble! Hombre, el lugar estaba lleno de gente y María estaba eufórica y yo también estaba contentísima. Así que inmediatamente, fue María la que dijo, "Publiquemos las actas." Yo no sabía nada sobre publicar actas. Seguimos con los planes, yo edité a las escritoras y ella editó a las críticas y ya cuando lo teníamos menos pensado Chicana Creativity & Criticism ¡estaba listo!

El texto se usa en cursos de literatura. Se usa realmente como un texto de la universidad porque tiene crítica, tiene poesía, tiene ficción. Y así fue cómo comenzamos a hacerlo y luego más adelante, tuvimos otra conferencia, *Chicana (W)rites*, donde tuvimos a Sandra, tuvimos a Ana [Castillo] y Demetria Martínez y Denise Chávez y Mary Helen Ponce. Y, por segunda vez, añadimos cine, porque le dije a María, "Pues, si vamos a tener escritores, añadámosle el cine." Y resultó ser otro éxito increíble. Publicamos *Chicana (W)rites*; ¿has visto *Chicana (W)rites*?

LR: Sí, leí unos cuantos de los artículos.

HMV: Ese fue el segundo libro que hicimos juntas. Siento el más grande respeto por María. Ella es como el símbolo de las críticas feministas chicanas. Ella es la que tiene más libros publicados y tiene reconocimiento internacional pero yo creo que para todo el trabajo que hace ella, no se le da el suficiente mérito.

LR: ¿Has colaborado con otras escritoras de algún taller de escritores? En otras palabras, ¿Has escrito un libro con otros autores?

HMV: No, eso nunca lo he hecho. No.

LR: ¿Nunca lo has pensado?

HMV: Sabes, con la Asociación de Escritores Latinos (*The Latino Writers Association*) hicimos un homenaje, Víctor Manuel Valle fue quién dirigió el homenaje bicentenario para la ciudad de Los Angeles. El estuvo encargado de eso, un poeta con una visión y una esposa que la compartía.

LR: Al final de tu novela *Under the Feet of Jesus*, les das agradecimiento a muchas escritoras chicanas. ¿Las has conocido a todas personalmente,? y ¿cómo te ayudó Sonia Saldívar? Mencionas charlas animadas y consejos. ¿Te sentías triste, desanimada?

HMV: Vamos a recordar... vamos a ver "The Moths" salió en el año 1985. Fue algo extraño y divertido porque más o menos desde el año 1985 hasta el año 1989 estaba totalmente sola. Estaba criando a mis dos chiquillos mientras intentaba seguir como escritora; trabajaba. Mi vida como mujer cambió de una escritora bohemia, de una mujer soltera a una mujer casada con dos niños y un marido que viaja mucho. Así que, ese tramo de tiempo, me sentí increíblemente perdida. Y fueron realmente Sandra y Sonia quienes me mantuvieron a flote. Sandra me escribía constantemente, decía: "¿En qué estás trabajando? Estos son mis libros favoritos. ¿Has leído este libro? Helena salte de la cocina. Más vale que estés escribiendo. Envíame ahora mismo lo que estás escribiendo." Yo le enviaba cosas de Paris Rats y ella me regresaba unas cartas increíbles, diciendo: "¡Oh esto es maravilloso! ¡Continúalo!" Ella mantenía mi visión viva como escritora. En ese mismo tiempo, Sonia me acababa de escribir una carta, diciendo, "Acabo de terminar tu colección de The Moths y creo que es el mejor libro que se ha escrito" (Viramontes estalla en carcajadas). El mejor libro que se ha escrito... (Viramontes aún riéndose) y pues era como "¡WOW!" Todo esto lo tenía muy presente en mi mente mientras cambiaba los pañales de mis chiquillos, barría y pasaba la aspiradora por la casa. Recuerdo que fui a Tejas para visitar a la familia de Eloy [el marido de Viramontes] cuando Sandra me dijo, "Sonia te quiere conocer." Y recuerdo el encuentro con Sonia. Ella luchó por tener mi libro en el examen de Ph.D. [en su universidad] y realmente luchó hasta el punto de decir, "Esta es una escritora fenomenal, tenemos que leer su trabajo." Esto era antes de que hubiera tanta crítica escrita, esto fue antes de que las casas editoriales importantes nos reconocieran como escritoras importantes. Lo que quiero decir, Sonia creía firmemente que nuestro trabajo era esencial para entender lo que es la literatura americana. Esa era su visión.

Sonia me comparaba siempre con Toni Morrison y yo me reía y me reía y le decía, "¿Toni Morrison? Sí como no... Toni Morrison." Y ahora, otras personas me están comparando con Toni Morrison y es como... para que ella hubiera tenido esa visión en 1987 y hubiera creído en mi trabajo tanto, eso fue increíble. Sonia y María Herrera-Sobek creyeron que este libro iba a ser una obra clásica que a la gente le iba a gustar esta obra, incluso, antes de que yo la apreciara. Yo tenía mis propias dudas sobre el libro y tenía absolutamente... no me hice ilusiones, sabes. Poco a poco los lectores lo están reconociendo y están escribiendo sobre él. "The Moths" [El cuento] ha sido reimpreso en más de veinte antologías algunas editadas por Joyce Caroll Oats y por Ann Chapters. Sonia ha sido el instrumento para hacerme creer que mi trabajo era mucho más importante de lo que yo lo consideraba. Es divertido porque... el hecho de estar hablando sobre mi trabajo, comparándome con Toni Morrison, lo que otra gente ya ha hecho, y estoy pensando, "qué inapropiado" (Viramontes estalla en risas).

LR: Toni Morrison fue una de las autoras que te influenció, ¿verdad?

HMV: Sí, ella es una de esas gentes, ella y Sandra son personas que realmente admiro y tomo seriamente, cómo amasan su lenguaje para crear un ambiente de una imagen que significa dos, tres, cinco cosas. Es casi como un cuadro maravilloso que miras y miras y miras y cada vez que lo miras hay algo nuevo allí.

Obras

LR: ¿Cómo nacen tus personajes para ser parte de tus cuentos? ¿O, son como los personajes de Pirandello que están en busca de un autor?

HMV: (Viramontes comienza a reírse) Bien, como dije antes, cada cuento tiene su propia génesis; a veces comienza por una imagen y a veces comienza por una sensación y otras veces comienza realmente por un personaje. Como Olga Ruiz, fue un personaje que comenzó "SnapShots." "The Moths" fue inspirado por una sensación; esto fue una emoción. Quería capturar el amor que una mujer le tiene a otra. Fue inspirado por una foto japonesa. Así pues, no es que cada cuento esté basado o inspirado en un personaje. En otras palabras, no sé cuál es la historia ni quiénes son los personajes hasta que me cuentan su historia.

LR: ¿Cómo clasificas tu escritura, canóniga o no-canóniga?

HMV: Pienso que nosotros, los escritores chicanos nunca hemos sido parte del canon. En muchos casos, se nos atacó por nuestra falta de arte. Que sólo estábamos guiándonos por el mensaje político y la propaganda, éstos son unos términos muy degradantes. Yo creo que muchas obras nuestras son muy buenas. Especulo que es el público quien define lo que es canónigo y no-canónigo y creo que hasta cierto punto aquellos profesores que enseñan son los que impregnan e influencian la literatura. Como por ejemplo, Harold Bloom que se sienta en su trono y escribe: "Estas son obras maestras y el resto es basura." ¡¿Cómo se atreve?! ¡Es solamente un hombre y está haciendo estas decisiones importantes! ¡Eso es ridículo! Así pues, no, quiero decir. Yo no sé que soy. No sé si soy parte del canon o no.

LR: Gabriel García Márquez ha influenciado a muchos autores ya sea por la creación de una ciudad, como Macondo, que inspiró a Isabel Allende en su libro *La casa de los espíritus*, donde ella hace una hacienda próspera (Las 3 Marías); hasta la repetición de sus personajes de la familia Buendía en su novela *Cien años de soledad* y otras historias. Noté que en tu novela *Paris Rats in LA: A Novel in Short Stories*, particularmente "Paris Rats in LA," hay una repetición de personajes de tu cuento "Miss Clairol", Champ y Gregorio, en una edad mayor. También, en "Tears On My Pillow," el nombre de la madre es Arlene como la madre en "Miss Clairol." ¿Te influenció García Márquez y por qué? ¿Esto fue planeado? Si es así, ¿cuál fue tu propósito en repetir tus personajes? ¿O fue simple coincidencia?

HMV: Sí me influenció Gabriel García Márquez pero no en el proyecto de *Paris Rats*. Pienso que hay pocos escritores en el siglo veinte que no hayan sido influenciados por Gabriel García Márquez. Pero, en cuanto al proyecto de *Paris Rats*, era una serie de cuentos que quería poner juntos, que trata de los mismos personajes. Y lo que comenzó como un cuento... comienza siempre muy inocentemente, como el cuento que comenzó con una joven universitaria que regresaba a casa para salvar a su hermano de la locura, creyendo que ella lo podría salvar. El personaje estaba en la India y quería salvar a su hermano de la locura. A medida que yo escribía el cuento, me di cuenta que me estaba costando mucha dificultad, no se estaba cuajando. Finalmente, cuando lo pensé, me di cuenta que tenía que preguntarme, "Espera un minuto, ¿por qué creyó ella que podía salvar a su hermano?" Y luego, ese minuto, me tomó cinco cuentos para contestarla. Es decir, tuve que indagar más sobre su relación como hermanos y así nacieron Champ, Arlene y Gregorio. Yo planeaba hacer nueve cuentos. Cinco de ellos ya están escritos, tres de ellos ya están publicados, dos de ellos aún no están terminados y aún tengo tres más por hacer.

LR: ¿En realidad es pura coincidencia que tú repitas tus personajes como García Márquez?

HMV: Sí, sí. Fue más como una cosa de Sandra [Cisneros], como en *The House on Mango Street*, en donde hay estas viñetas que se pueden leer por sí solas, pero todas tienen los mismos personajes.

LR: ¿Por qué escribes? Es decir, ¿escribes por placer o escribes para probar algo (político, literario) porque en tus trabajos y ensayos, noto un tono revolucionario, de protesta, cuestionando la autoridad (indirectamente), especialmente en tu ensayo "The Writes Ofrenda"? ¿Estoy en lo cierto o estoy interpretando más de lo que hay?

HMV: No, creo que tienes razón. Me imagino que dependiendo de la cultura hasta cierto punto, a los escritores se les ha dado la oportunidad de ser intelectuales de sus comunidades o sociedades; por lo tanto pueden ver las cosas por lo que realmente son. En las culturas indígenas, hay cuentistas que reciben mucho respeto no solamente por entretener con historias sino también por dar moralejas o por preservar la historia. ¿Por qué escribo? No lo sé, pienso que escribo por criticar; escribo para entender la realidad. Debido a mi marco político puedo ver las cosas claramente. E incluso cuando no veo las cosas muy claramente, puedo intentar, por lo menos, crear situaciones con mi escritura para pensar en ellas, cómo presentarlas, para formular preguntas. Creo que soy como cualquier escritor, más o menos, que hace su trabajo como intelectual también. No quiero implicar como elitista. Estoy hablando sobre un escritor capaz de decir, "Sabes qué. Esto no está bien," aún cuando todos estén diciendo, "tú estás equivocado." Tener una conciencia, me imagino. James Baldwin dijo que un escritor es la conciencia de una sociedad y lo creo.

LR: ¿El mezclar el español en tus trabajos, es natural / automático al escribir o te cuesta trabajo para planear dónde poner dichas expresiones o las colocas dónde te suena bien al oído?

HMV: No, en absoluto. Es puramente emocional. El

español es como un trasfondo de cualquier cosa que yo escribo. Por ejemplo, cuando comencé a escribir, al escribir sobre mi madre, podía oírla hablar en español, pero yo lo traducía al inglés y por eso la gente decía, "¡Dios mío! Tu sintaxis está realmente mal." Yo los miraba y decía pues... porque literalmente intentaba traducirlo. Fue cuando me di cuenta que las traducciones literales no funcionaban. Así que es mejor apuntar las emociones de lo que estás intentando capturar y luego intentar traducirlo. Ahora, si oigo esos personajes hablar en español, los escribo en español.

LR: En algunas de tus obras pones las palabras o frases en español en letra cursiva; por ejemplo en "The Writes Ofrenda," pero en otras obras no pones ni usas la letra cursiva, por ejemplo en *The Moths* y en *Under the Feet*. ¿Me puedes explicar este fenómeno? ¿O fue decisión del editor?

HMV: Cuando tengo control editorial, no uso la letra cursiva para distinguir los idiomas. La gente que ha tomado mi trabajo y lo ha publicado, utiliza la letra cursiva, no soy yo. No creo en la letra cursiva para distinguir los idiomas; realmente la odio. Una de las primeras cosas con *Under the Feet of Jesus* fue que me preguntaron si podían usar la letra cursiva con el español. Les dije, "¡Ni lo piensen! La gente no habla en letra cursiva. Por favor no pongan mi español en letra cursiva." La única vez que usé letra cursiva fue para distinguir el español en *Under the Feet of Jesus* cuando Petra está cantando una canción; los versos no son míos. Con excepción de esa parte el resto del español no está en letra cursiva.

LR: ¿Por qué muchos críticos dicen que la historia central del cuento "Caraboo Café," es la preocupación por Centroamérica, sin embargo ninguna de estas críticas hizo referencia a ninguna fuente de autoridad de donde hubieran obtenido esta información? Las críticas a las que me estoy refiriendo son Debra Castillo en su libro *Talking Back*, Yvonne Yarbo-Bejaramo en la introducción a tu libro *The Moths*... y Roberta Fernández en su artículo "The Caraboo Café: Helena María Viramontes Discourses with her Social and Cultural Contexts."

HMV: Tanto Yvonne como Roberta me llamaban y me preguntaban; tal y cual cosa y yo les decía, "¡Oh! Esto y eso y lo otro." Me imagino que de allí fue de donde viene la fuente de autoridad ya sea que lo hubieran identificado como entrevistas verbales o no. Conocí a Debra antes de que saliera su libro y ella nunca mencionó su estudio sobre mis obras, fue una sorpresa para mí encontrar en su libro un capítulo sobre mí. Varios críticos dicen que es muy bueno.

LR: La mayoría de tus historias trata de mujeres que sufren o que están atrapadas en un matrimonio, una profesión o una familia. ¿Por qué?

HMV: Eso describe a la mayoría de las mujeres que conocí en esa parte de mi vida. Ahora estoy experimentando otras experiencias con personajes con los que realmente no tengo ninguna relación verdadera.

LR: ¿Encuentras más difícil escribir sobre gente con

quien no tienes ninguna relación o idea sobre su formación?

HMV: Sí absolutamente. Tengo que trabajar doble; me pongo escéptica. ¿Puedo escribir algo como esto o soy verdaderamente honesta sobre estos personajes en particular? La duda me consume.

LR: Tú juegas con el tiempo. Algunos de tus cuentos se desarrollan al revés, comienzan in medias res, o yuxtaponen el presente y el pasado. En mi opinión, el acto de sobreponer un marco de tiempo con otro es como si se estuviera intentando hacer un mosaico que hasta cierto grado, "el tiempo," podría ser un personaje en sí mismo, por ejemplo en "Caraboo Café," "The Broken Web" y "SnapShots." ¿Cuál fue el propósito de este juego de tiempo? ¿Estuviste influenciada por alguien?

HMV: Pues... No sé, estoy pensando en este momento en el manuscrito de *The Dogs* que estoy trabajando ahora. Estoy pasando por momentos muy interesantes con él puesto que le he añadido retrospectivas y visiones del futuro y fue algo que realmente no me prepuse hacer. Comenzó a desarrollarse y cuando salió pensé, "hmmm." Y por eso, me estoy haciendo un poco más consciente de ello; lo que quiero decir, depende, otra vez, de cada cuento y lo que intento hacer con la memoria o cómo intentaba desarrollar la memoria y contar el cuento en yuxtaposición. Es decir, forma y contenido me imagino, para complementar la forma y el contenido. Como dije, la mejor cosa es leer las críticas de otra gente sobre lo que intentaba hacer en esos cuentos con el tiempo porque realmente no sé, yo realmente no lo sé. Incluso hasta el "Caraboo Café" en la tercera parte cuando ella está en la tercera persona y luego se cambia a la primera y es la mujer que habla directamente con lector. Yo ni siquiera sabía que lo hice en esa forma... hasta que...

LR: Y es un cuento muy complejo en cuanto al marco de tiempo también.

HMV: ¡Sí! Sí, y yo incluso no me había dado cuenta que lo había hecho hasta que alguien me dijo, "¿Por qué hiciste esto?" y luego lo pensé y dije, "Sí, ¿por qué lo hice?; no entiendo" Entonces me di cuenta que me estaba acercando mucho al personaje, tan cerca del personaje, que estaba en sus pensamientos y estaba adentro de él y finalmente me cambió a mí, sabes. Y para mí, fue como una revelación increíble como escritora que esto sucediera en mi escritura sin que yo me diera cuenta y estoy contenta de ello. Y la persona que me lo hizo ver me dijo, "¿Podemos cambiar esto para mantener el cuento constante, lineal?" y le dije, "No, esa es la forma que tiene que ser, puesto que de esa manera nació." Así pues, lo dejé tal y cual, pero sí fue una cosa muy compleja. A veces tengo ideas del porqué quiero experimentar con la forma, para complementar el contenido, pero a veces no quiero hacer ese complemento. Algunas veces simplemente sigo el cuento con pasión, cómo contar una historia de una manera interesante.

LR: ¿Es por eso que abandonas tu estilo complejo en *Under the Feet of Jesus*? ¿Estás siguiendo tu pasión para contar una historia en esta novela?

HMV: En *Under the Feet of Jesus* intentaba contar una historia usando imágenes. Lo que estoy haciendo ahora, la obra *The Dogs*, es una novela muy diferente. Simplemente, intento encontrar diferentes maneras de contar las historias, me imagino. Así que, yo no diría que *Under the Feet of Jesus* es menos compleja estilísticamente pero sustancialmente es más desafiante en términos de las emociones de la gente y de sus vidas. El "Caraboo Café" era una de esas historias que también fue política. ¡Estaba tan fastidiada! Quería darles a los lectores otra percepción. Quería moverlos hacia cierto tipo de acción. Quería que sintieran la misma rabia y desesperación que yo sentía, la misma rabia que la mujer en el cuento sentía. Quería también al lector adentro del cuento. Por eso es que tenía a esa gente que mira hacia adentro de la ventana. Quería que los lectores dijeran, "Esto es lo que yo estoy haciendo también. Simplemente estoy viendo toda esa violencia y ¿qué estoy haciendo? ¡Nada!"

LR: ¿Por qué utilizas muchas alusiones católicas / religiosas? ¿El uso de estas alusiones es por tu cultura? ¿Es personal? ¿O, solamente las usas para decoración literaria, para provocar placer en el lector chicano?

HMV: No te puedes imaginar la casa de mi mamá. Mi papá... caminas en el jardín y la primera cosa que ves es este crucifijo enorme hecho de azulejo que mi papá mismo hizo. De hecho, parte de ese crucifijo se ve en la fotografía de *Newsweek*.[7] La fotógrafa quería cierto

---

[7] Revista que sale semanalmente.

tipo de "imágenes hispanas." Y le dije, "¿Sabes qué? Búscame en la casa de mi mamá." Cuando ella vino, estaba tan contenta (Viramontes se ríe).

Primero, mi padre construyó un crucifijo enorme que es como una fuente y está coronado con la Virgen de Guadalupe. Además, mi papá empotró dos Vírgenes de Guadalupe en la pared enfrente de la casa. Luego, si te vas a la parte posterior de la casa hay otra Virgen de Guadalupe y adentro de la casa, hizo dos altares y también tiene una fotografía enorme de Jesús. Así pues, se nos bombardeó constantemente con imágenes católicas. Fue mi subconsciente. Desde la hora de decir nuestros rezos, los ritos de navidad, los rosarios, los entierros, todo, nosotros completamente estábamos bombardeados con eso. De hecho, de aquí fue donde conseguí el título, *Under the Feet of Jesus*. Los lectores y el público pensaron, "¡Dios mío! Qué increíble, qué metáfora tan increíble. Qué gran símbolo." Yo les decía, "Vayan a la casa de mi madre." Ella literalmente ponía los documentos importantes bajo los pies de Jesús. Para mí, fue una realidad. No fue realismo mágico, sabes. Todos pensaron que esta imagen era increíble. Así pues, eso es lo que fue ser críada católica en la casa de los Viramontes.

LR: ¿Aún eres católica o te consideras católica?

HMV: Aprecio el misticismo de la religión católica. Hay ciertos misterios y hay ciertas espiritualidades que pienso que todos nosotros tenemos como seres humanos. Hasta cierto punto, un católico es alguien que cree en milagros. Este creer me proporciona algo que necesito. Al mismo tiempo es una estructura tan patriarcal que hace la práctica de la religión en sí absolutamente difícil para que yo regrese a la iglesia. Recuerdo que hace varios años, comencé a llevar a mis chiquillos a la iglesia porque sentía que debían tener por lo menos cierta experiencia. Era graciosísimo porque yo me sentaba y luego el sacerdote comenzaba a abrir su boca y yo comenzaba a susurrarle a Pilar: "Sabes, no creo que esté correcto eso. No, no, ese es su punto de vista y no el de Dios." (Viramontes y yo estallamos en risa). Constantemente hacía esto. Finalmente me pregunté, "¿Qué es lo que estoy haciendo?" Los chiquillos se sintieron aliviados de que no tuviéramos que ir. Algunas veces necesito ir a la iglesia porque tengo la idea del silencio y la meditación, como un misterio.

LR: Y añadiendo más autores a lo ya dicho antes, ¿Puedes explicar cómo te influyeron en tu escritura Ana Castillo, Alice Walker, Ntozake Shange? ¿Te proveyeron con alguna técnica para el desarrollo de tus personajes, o sencillamente te inspiraron más para escribir? Puesto que leí en "Voices from the Gap: Women Writers of Color" que todos estos escritores han tenido influencia sobre ti.

HMV: Como mencioné cuando estábamos almorzando, (Viramontes y yo almorzamos juntas) García Márquez me influenció por sus mundos increíbles, dichosos y exuberantes a los que nos hizo entrar como lectores pero, sin embargo, eran reales. Sus posiciones políticas presentadas con tal sutileza que al principio no las captas pero a medida que continúas leyendo te das cuenta que está haciendo unas declaraciones maravillosas sobre el fascismo, las dictaduras, la censura. Así pues, pensé, "Esto es una manera maravillosa de expresar tus opiniones, haciéndolo de una manera que no golpee a los lectores." Toni Morrison, Alice Walker y muchas de las escritoras afroamericanas fueron mujeres que escribieron sobre el ser mujer. Mujeres que escribían sobre la gente colonizada, la gente esclavizada, o la gente vista solamente por su condición sexual que era víctima de un sistema opresivo. Me dieron la libertad de decir, "Pues sí, yo puedo escribir sobre ser oprimida." Ambas, Sandra y Ana estaban en la comunidad de escritoras. Tomábamos café mientras charlábamos sobre la escritura y sobre qué íbamos a escribir. Y el hecho que ellas [Sandra y Ana] llegaran a ser increíbles [escritoras], me abrió la puerta a mí y a muchas otras [chicanas].

LR: ¿Por qué al principio rechazaste la invitación de Gabriel García Márquez de ir a su taller de cuentos en el Sundance Institute? Otros hubieran saltado con esta oportunidad.

HMV: En 1989, acababa de recibir mi NEA[8] y había decidido que me iba para Nuevo México, un lugar del que me había enamorado la última vez que estuve allí; eso fue hace acerca de dos años. Me enamoré de Albuquerque y los horizontes de Nuevo México. Empaqueté a los escuincles y a una amiga que es una artista y nos fuimos. Pude alquilar una casa pequeña era de Roberto Creely, un poeta. Creo que eran $250.00 al mes o algo así. Estaba cerca de un arroyo, justo en el centro de las Montañas Sandia, en un pue-

---

[8] National Endownment for the Arts.

blito llamado Placitas. Alquilamos un televisor y un sofá, compramos algunos muebles en la tienda de segunda mano; y estaba listo. Incluso, me dije: "En este verano termino la colección de *Paris Rats*." Así pues, me concentré y comencé a trabajar y a trabajar. Pilar se acuerda de ese verano porque fue espectacular. Lo pasamos muy bien. Los chiquillos siempre estaban afuera, desnudos, corriendo por dondequiera, eran niños en ese entonces. Y Martha, mi amiga, pudo pintar unos cuadros maravillosos y yo pude adelantar mucho en mi trabajo.

Y bien, fue una sorpresa total que me hubiera invitado al Sundance. El haber sido nominada ya era suficiente para mí. Hubo un proceso de selección muy riguroso pues tuvieron que seleccionar de entre los ya nominados a los que invitarían a asistir. Y, varias personas en las varias etapas de nominación me decían, "¿Has oído de este taller de Gabriel García Márquez?" Pero como yo no soy guionista, sabía que no podía participar en el taller. Varias personas me llamaban y me decían y conversábamos y luego, recibí una carta en donde decía que yo había sido nominada, me habían nominado, iban a revisar mi trabajo y querían que sometiera una obra. Entonces, la sometí. Esto fue en febrero. Ni siquiera me acuerdo muy bien. Guardé la carta sin embargo y pensé, "¡WOW!" Pero pensé de nuevo, "Tú no eres una cineasta," por lo tanto no había ninguna razón para hacerme a la idea. Así pues, seguí en Placitas, en mi casa de adobe hermosa, mis escuincles estaban tan felices, yo estaba trabajando sin parar cuando recibí una llamada de que había sido aceptada.

Al principio, estuve eufórica, pero luego Piedad Palacio dijo, "Tengo que comprobar para cerciorarme de que tu español esté correcto." Entonces comencé a hablar en español y comencé a equivocarme y me di cuenta, "Un momento. Esto no está bien." Y yo le dije en inglés, "Piedad... tienes que entender. Primero, ante todo..." Y entré a describirle este contexto histórico entero (Viramontes carcajea). Dije, "Primero que nada debería de haber chicanos allí... tiene que haber chicanos en ese taller porque si es un taller de latinos, tú sabes que nosotros constituimos millones bajo esa etiqueta. Así que, tienes que tener por lo menos un chicano ahí. En segundo lugar, si tienes un chicano ahí, lo más probable es que ese chicano no pueda hablar español debido a su situación." Después le expliqué la opresión bilingüe que hemos sufrido, "Así pues, te digo que yo no puedo hablar español. No puedo incluso hablarte." Ella dijo, "¿Por qué no lo prácticas?, y veremos lo que puedes producir." Colgué el teléfono. Arranqué en el auto a "Price Club"[9] y compré unas cintas en español porque estaba determinada a aprenderlo. Pero, haciendo todo esto al mismo tiempo pensaba, "Yo no puedo hacer esto. No puedo hacer esto." Y luego ella llamó otra vez y le dije, "¿Sabes qué, Piedad? No puedo hacer esto. No puedo hablar español, yo no puedo hacer esto." Y luego le dije, "Si me estás obligando a hablar en español... lo que quiero decir... no puedo hacerlo, así que rechazo la oferta." Inmediatamente ella respondió, "¿Estás segura?" y le dije, "Sí. Lo siento pero no puedo hacerlo. Intentaré otra vez el año próximo." Y ella dijo, "Pues, bien, está bien." Después me volvió a lla-

---

[9] Cadena de supermercado que vende en cantidades a precios de mayoreo.

mar y me dijo, "Sabes, acabo de hablar con Gabo y él me dijo que entiende inglés. Puedes hacer tu presentación en inglés si quieres."

LR: ¿Gabo? ¿Quién es Gabo?

HMV: Gabo es Gabriel García Márquez. Lo llamamos Gabo (Viramontes se echa a reír). De tal manera, Gabo, le dijo a Piedad que podía hacer mi presentación en inglés. (Viramontes continúa con el diálogo que tuvo con Piedad Palacios) Entonces, me aterré y pensé, "¡Ay dios mío! Voy a estar con Gabriel García Márquez por diez días en el Sundance Institute." Le dije a Piedad: "Bien, déjame pensarlo un poco." Entonces, colgué el teléfono... después le hablé a Eloy, y más tarde hablé con Maria Helen Ponce, después hablé con Sandra Cisneros y Sandra me dijo, "Ay, ¡estás loca! ¡Vete! ¡No seas tonta! ¡Esto es maravilloso! ¡Hazlo!" Y luego, me puse a pensar, "Qué voy a hacer con mis niños y qué voy a hacer con... No, no sé Sandra." Y entonces Maria Helen Ponce dijo, " Ay, no te preocupes, si no quieres ir, no vayas. ¿Qué andas escribiendo una novela que te pone en Bogotá? No lo creo Helena. Sabes, sólo porque es un nombre importante." Yo, por el otro lado, estaba pensando, "Ay ay ay." Al día siguiente Piedad me llama y me dice, "¿Vas a venir?" Y le digo, "No sé qué hacer. Me encantaría Piedad, pero mis niños. ¿Qué voy a hacer con mis niños?" Me dijo, "No sé." Y le dije, "Son muy chicos, ellos son muy chicos. No puedo dejarlos solos." Así pues, yo colgué el teléfono y después me llamó al día siguiente. Todo esto ocurrió como en un plazo de siete días. Me volvió a llamar y me dijo, "Hablé con

Gabo. Y, Gabo dijo que si tienes niños muy chicos que te los traigas." Ahí fue cuando me di cuenta que yo era... la que le tenía miedo a él. Todo estaba propicio para que yo fuera, pero yo tenía miedo. Así que, llamé a Eloy porque Eloy estaba en California, le dije, "¿Sabes qué? Gabriel García Márquez quiere que vaya." Él dijo, "Pues ¡vete!" Y yo dije, "Pues bien, me voy." Entonces tuve que volar a California para dejar a mis chiquillos y después volar a Utah. Y luego, tuve la mejor experiencia de mi vida.

Fue por su gentileza y su bondad... (Viramontes se refiere a García Márquez); él podía haber dicho, "Vamos a llamar a la siguiente persona." Pero, insistió en que yo fuera. El creyó absolutamente que yo debería ir y eso fue todo. No podría sentirme más bendecida; él tuvo una gran deferencia para conmigo. Por eso siempre ocupará un lugar muy especial en mi corazón. Siempre tendré un lugar especial para él en mi corazón.

LR: ¿Te gusta que traduzcan tus obras, y cuál es tu experiencia con las traducciones?

HMV: Supongo que es una buena idea, es agradable que otra gente las lea.

LR: Algunos autores se sienten inseguros o no les gusta la idea porque dicen que el significado que le dieron, en español o en inglés, al traducirlo no se capta; se pierde.

HMV: Pues yo recuerdo que hace mucho tiempo que leí una de las obras de Carlos Fuentes *Where the Air is*

Clear (*La región más transparente*). La leí en español y luego leí la versión en inglés. ¡Oh! La persona que hizo la traducción al inglés debería regresar a la escuela de traductores. ¡Era horrible! ¡Qué traducción tan horrible! Me imagino que para algunos escritores no es una buena experiencia pero no he llegado hasta ese punto todavía, donde un traductor me ha tocado la puerta o me ha dicho, "Déjame por favor traducir tu obra." Gabo dijo, "Es obvio que no puedes leer cada traducción para cerciorarte que sea buena o no, y lo más importante es que las emociones estén en su lugar." Sus obras han sido traducidas al japonés al igual que las obras de Sandra.

LR: Así que, las traducciones que se han hecho de tus obras al alemán, hindi y español, ¿tú realmente no tienes idea de cómo salieron?

HMV: No, no sé, sí, sí. A este punto no leo las traducciones.

LR: La idea de la valentía se presenta mucho en tus obras. Por ejemplo en "Neighbors," *Under the Feet of Jesus,* etc. ¿Tiene mucho valor la valentía para ti? ¿Y por qué sí o por qué no?

HMV: Pues, tienes que ser valiente para existir y sobrevivir. Es casi como si tuvieras ciertos derechos como ser humano --de comer, de dormir-- ésos son derechos fundamentales del ser humano. Cuando se nos quitan esos derechos comenzamos a exigirlos y de repente parece radicalmente revolucionario cuando de hecho estamos peleando por nuestros propios derechos humanos. Pero dada la condición en que vive la gente, la condición del sistema que los oprime, entonces hasta el exigir parece como una forma de valentía. ¿Entiendes lo que quiero decir, verdad? Así pues, veo a Estrella siendo valiente, pero también la veo como no siendo valiente sino simplemente siendo humana; lo mismo sucede con Aura en "Neighbors." Pero Aura es peor en el sentido de que ella se protege a sí misma y termina matando a una mujer. Pero, ella no tiene ninguna opción, sabes, porque la amenaza es real para ella.

LR: ¿Eres tú valiente?

HMV: No sé si seré valiente, en una situación dada. Lo que quiero decir es que, me puedo sentar muy cómodamente en mi sofá, beber mi vino y charlar contigo sobre la subversión, pero ponme en la Alemania Nazi del 1940 y vamos a ver si digo las mismas cosas. No sé, yo honestamente no sé, aunque quisiera pensar que mi moralidad me empujaría a cierto tipo de acción.

LR: ¿Cuál de todos tus cuentos / novelas te gusta más?

HMV: Tengo un lugar especial en mi corazón para cada uno de ellos. Sé que *Under the Feet of Jesus*, sin embargo, fue uno en que tanto el proceso como los personajes me dieron mucho. Pude realmente experimentar esa hipersensibilidad de que hablo con los estudiantes, que intento teorizar. Cuando escribes y meditas, es casi lo que un budista llamaría "iluminación y revelación." Es verdad que cuando estás en el proceso de escribir, tus sentidos se abren. Tus sentidos se tienen que abrir como escritor. Así pues, cuando estás en el centro de eso y luego terminas tu obra—[cuento, novela, ensayo, etc.], sales a recoger a tus niños o lavas la ropa o lo que tienes que hacer, la vida te llega. Los colores, los olores, los sonidos llegan a ser mucho más agudos. Y yo lo experimenté los dos años y medio en que estuve escribiendo *Under the Feet of Jesus*. Fue una sensación maravillosa, maravillosa de estar tan despierta a la vida. Simplemente gocé al escribir *Under the Feet of Jesus* porque Petra fue maravillosa y Perfecto Flores fue tan maravilloso como Estrella. Ahora Estrella es valiente. Ves, yo no habría hecho eso, de hecho, esto es lo que dije públicamente también, cuando estaba escribiendo *Under the Feet of Jesus*, la conclusión no fue mi conclusión. Fue la conclusión de Estrella y mi conclusión era muy diferente. Mi conclusión tenía a Estrella quemándose en el granero. Esta fue la manera en que yo la tenía escrita e iba a terminar con Petra mirando hacia el granero ardiendo y agradeciendo y feliz de que el granero se quemara porque ella sabía que Perfecto Flores iba a quedarse. Él no iba a desmontar el granero para irse. Pero ella no sabía que su hija estaba ahí, adentro. Así que, ése era mi final, pero continúe escribiendo y escribiendo y no me salía, llegué al punto donde tuve que dejarle a Estrella hacer su propio final. Y ése fue su final. Ella tenía que vivir, era demasiado fuerte.

LR: ¿Qué es lo que debemos entender al final de la novela *Under the Feet of Jesus*, donde Estrella corre al granero al anochecer y estamos gozando de todo el silencio, frescor y maravillas del viejo edificio? "Estrella remained as immobile as an angel standing on the verge of faith. Like the chiming bells of the great cathedrals, she believed her heart powerful enough to summon home all those who strayed" (176).[10]

HMV: Eso es lo que quiero decir, que Estrella es mucho más grande que yo. Porque cuando ella se subió allá arriba (al granero), se dio cuenta de la capacidad del corazón humano para amar y para mí por eso siempre ha sido por lo que suceden las revoluciones, porque nada puede destruir la capacidad del ser humano para amar. La mayoría de las revoluciones comienzan como resultado del amor porque la gente está enfurecida por el hambre de los niños, porque aman a sus hijos. Quieren proteger a sus seres queridos y por eso se rebelan. Esta es la causa por la cual Estrella se da cuenta de que ella es poderosa. Su corazón está tan lleno de amor. Es tan profundo, es un depósito sin fondo, lleno de amor. Ella es capaz de hacer cualquier cosa para proteger a los que ama. Allí es donde ella mira hacia las estrellas, mira hacia el cielo y su inmensidad y ahí es cuando ella se da cuenta que tiene este increíble corazón. Alguna gente ha escrito trabajos sobre Estrella como el nuevo Jesucristo. Esa no era mi intención, se lo dejo a los críticos. Lo que quiero decir es que, si éstos pueden discurrir so-

---

[10] "Estrella se mantuvo tan inmóvil como un ángel en estado de transe espiritual. Sentía su corazón repiquetear como las campanas de las grandes catedrales, lo suficientemente fuerte como para traer al redil a las ovejas descarriadas."

bre ello, tienen derecho a esgrimir sus argumentos. Pero ésa no era mi intención; mi intención fue material no divina.

LR: ¿Apruebas la crítica aplicada a tus cuentos?

HMV: No hay nada que pueda hacer sobre eso. Si pueden sostener su trabajo, ése es su mundo y no estoy dispuesta a meterme en ese mundo.

LR: ¿Y "The Broken Web"? ¿Te gusta la manera en que has pintado ese cuento?

HMV: "The Broken Web" y "The Long Reconciliation" eran experimentos de cómo contar una historia. No representan mis mejores trabajos, estaba más interesada en la forma. "The Broken Web" trata de un incidente verdadero. Conocí a esta mujer que mató a su marido y conocí a su hija también. Me sentí siempre con el deseo de saber por qué, qué sucedió, por qué esta mujer encontró en su corazón matar a su marido, qué fue lo que pasó. En realidad, conseguí las transcripciones de la corte y quise escribir el cuento desde su punto de vista pero, nunca sale de esa forma. La manera en que piensas escribir y la manera al final del proceso de escribir son dos materias separadas. Siempre confío en los personajes más de lo que confío en mí misma. Así que cuando los personajes toman control del cuento los dejo asumirlo.

LR: ¿Me puedes hablar un poco sobre el patrón o la estructura intencional detrás del cuento "The Long Reconciliation"?

HMV: "The Long Reconciliation" trata de la memoria y de cómo leer; cómo puede la historia reflejar lo que Morrison llama "re-memoria". Y con eso fue con lo que estuve jugando, la memoria.

LR: Sé que el primer cuento que te ganó un primer premio fue "Requiem for the Poor", pero ¿cómo fue que empezaste a escribirlo? ¿Cómo publicaste tu primera obra?

HMV: Sí, fue un cuento horrible también. Fue el primero que escribí y publiqué. Hay cosas que se entretejen—salen y regresan (Viramontes se ríe). Fue horrible. Cuando fui a Cal State LA[11], tomé un curso de escritura creativa con Juan Weston. Antes de eso, había tomado una clase de poesía en Immaculate Heart College con Eloise Klein Healey, fue cuando me di cuenta de que yo no era poeta. Tengo gran admiración por los poetas, me encanta la poesía pero no soy buena para escribirla. Después empecé a entretenerme escribiendo un cuento. Juan Weston es un profesor blanco, ¡maravilloso profesor! Le entregué "Requiem for the Poor" y le encantó. Recuerdo sus comentarios, "Tienes una visión única, sigue escribiendo. Debes someter esto a nuestra revista. Esto es genial." Y eso fue todo lo que necesitaba. Así pues, el siguiente paso que hice, fue escribirlo a máquina y enviarlo a la revista y boom, ganó el primer premio.

LR: ¿Nunca has pensado en convertirte en uno de los

---

[11] California State University, Los Angeles; una universidad en el sur del estado de California.

personajes de tus cuentos / novelas?

HMV: ¡Ay, ni de broma! Yo no soy una entidad cuando escribo. Realmente intento no imponer mi cosmovisión en las vidas de los personajes. Intento darles integridad a mis personajes, así que no puedo tener una entidad porque tengo que escuchar lo que me están diciendo. Yo no pienso sobre lo que pienso que están diciendo. Los dejo que me hablen. Yo soy una persona muy aburrida cuando lo piensas. Lo que quiero decir, mira mi vida, mira, gatos, perros, un esposo que nunca está en casa, sabes. Las únicas veces que siento que puedo ser muy valiente, es cuando estoy con mis hermanas porque nos la pasamos a todo dar cuando estamos juntas. Me siento muy completa con ellas, pero con excepción de eso, nada.

LR: ¿Quién seleccionó la foto en la portada de tu libro *The Moths*? ¿Qué simboliza?[12]

HMV: Al principio no me gustó el nuevo retrato de la cubierta y creo que tuvo que ver con la conmoción al verlo. El caso es que fue hecho puramente por razones visuales en vez de tener que ver con el libro. Pero, mientras pasó el tiempo, más y más personas creyeron que era increíble. Lo que quiero decir es que a mí me gusta el trabajo de Juan Valadez, siempre me ha gustado su trabajo. Simplemente fue una conmoción. En la primera edición de *The Moths* la única cosa que no me gustó de la cubierta fue el color rosado. No pude opinar sobre la misma.

---

[12] La portada muestra una mujer promiscua muy maquillada con un tatuaje de una mariposa en su pecho.

LR: ¿Arte Público pone automáticamente la cubierta en tus libros?

HMV: Con *Under the Feet of Jesus*, Rosemary Ahern, mi editora, fue muy, muy buena en enviarme muestras del trabajo de Simón Silva y por lo tanto resultó ser una cubierta maravillosa.

LR: ¿Qué están intentando sugerir tus temas? ¿Eres como este personaje rebelde?

HMV: Solamente soy una rebelde en el sentido de... es como regresar de nuevo a esta idea de la valentía. Es como estar en Cornell, cuando llegas aquí y dices, "Un momento, esto no está bien." Y la gente piensa que eres subversiva por decir eso, por vociferar "Esto no está bien." Cuando lo único que estás haciendo, es expresar lo que sientes. Así pues para mí, no siento que sea una rebelde; no siento que sea una subversiva, pero el mundo exterior sigue condenando (Viramontes carcajea). Yo no sé, es tan divertido para mí. ¡Radical! Sabes, aquí en Ithaca, la gente de California es tan ¡radical! Es tan divertido porque cuando regresamos a California, simplemente somos normales (Viramontes continúa riéndose por ser tildada de radical).

Chicana-os / Mestiza-os

LR: ¿Por qué crees que los chicanos profesionales en-fatizan o defienden la lengua española, sin embargo entre ellos mismos, se comunican en inglés?

HMV: Una de las razones por las cuales no domi-namos el español fue porque se nos prohibió hablarlo, aunque en el tratado de 1846 de Guadalupe-Hidalgo, nosotros teníamos el derecho de conservar nuestra propia lengua. Pero no se nos permitió mantener nuestra propia lengua porque las escuelas exigían que habláramos inglés. Así pues, esto fue como si te hubieran arrancado la lengua. Fue prohibida de esa manera. Y algunos chicanos no fueron despojados de su lengua española, pero fueron despojados de sus lenguas indígenas, que fueron las primeras lenguas de las Américas. El inglés es nuestra doble lengua co-lonizadora.

Por eso creo que la gente defiende la lengua española porque fue algo que se nos quitó brutal-mente. En forma psicológica, cuando uno crece como yo, los primeros cinco años de vida son en español, todo lo que ves o te afecta es en español. Mis padres me hablan en español. Entonces, cuando no se nos permite hablar español, ¿quiere decir no se nos permi-te amar a nuestros padres o todo lo que se asocia a esa lengua española? La lengua es algo tan poderoso; traduce lo que somos. Le damos palabras y nombramos cosas con la lengua.

LR: Sé que escribes sobre la gente que te rodea, pero escribes sobre lo que ves en la vida para entonces devolverles esta mímesis a las chicanas? ¿Cuál es el objetivo de este producto--protesta, crítica constructiva o simplemente consumismo?

HMV: No, no, pues definitivamente no es para el consumismo. Yo he sido una persona, como te dije ayer, que ha sido transformada por la palabra escrita, he aprendido algo de ella, fui transformada por ella, me hizo pensar, aprendí sobre el ser humano, me dio cierta forma de conocimiento. Y eso es lo que yo intento hacer cuando intento escribir. Intento conseguir información o intento buscar la "verdad". No es que siempre tenga razón. Así que, eso es lo que es.

En términos de protesta, sí, mucho viene de la rabia que yo siento, a veces debido a esto y a las injusticias, pero también viene con el amor y el honor y la compasión que tengo por la gente sobre quien escribo.

LR: ¿Cómo clasificarías a la literatura chicana?

HMV: Todo depende de qué narrativa estés hablando, si es una narrativa feminista chicana, si es solamente una narrativa chicana que no sea feminista, narrativa del siglo diecinueve, tradición oral. No estoy segura.

LR: ¿Has conocido a Gloria Anzaldúa?

HMV: No la he conocido personalmente. No.

LR: ¿Qué obras de ella admiras?

HMV: Pues definitivamente me gusta *Borderlands* además me gusta *This Bridge Called My Back* y luego *Making Faces*. Esas son realmente, pero realmente textos de tipo visionario.

LR: ¿Ves alguna semilla en la literatura chicana que pueda ser reconocida universalmente como innovación literaria? Hago esta pregunta porque estoy pensando en lo que sucedió con el Modernismo, el Realismo Mágico y con los escritores del Boom latinoamericano.

HMV: ¡Ah! Esa es una pregunta interesante. Yo pienso... ¡No sé!... ¡Jesús!

LR: Sé que mencionaste que los españoles leían literatura chicana, algunos alemanes, particularmente tus obras que han sido traducidas al alemán. Obviamente hay un público en Alemania y en la India, pero las corrientes literarias a las que me refiero (Modernismo, Realismo Mágico, el Boom) fueron mundiales.

HMV: Pues creo que tiene que ver con un número de eventos. Ahora la literatura chicana, y estoy hablando específicamente de la literatura feminista chicana, proporciona lo que Raymond Carver dijo sobre la ficción "Noticias de otro mundo." Abre puertas de realidades que siempre han estado allí pero que la gente nunca ha visto. Hace ver a la gente invisible. Son noticias de otro mundo para lectores que no ven a estas gentes lavando platos, lavando o recogiendo la fruta. Además pienso que las chicanas son increíblemente apasionadas y cuidadosas y esculpen su trabajo al punto que realizan realmente un trabajo estético. En términos de la innovación, pienso que la única innovación es que es verdadera. La gente, las situaciones y las realidades que escriben son realmente verdaderas. Incluso en la obra *So Far From God* de Ana Castillo, donde tienes estas cosas surreales que suceden, los asuntos son muy verdaderos e inmediatos a nuestro mundo. Yo preferiría llamarlos, acontecimientos surreales más que realismo mágico.

LR: Aunque ha habido, hasta cierto grado, unidad entre los chicanos, yo siento que aún hay una falta de disposición para constituir tal comunidad. Es decir, el actuar como una comunidad con un interés común. Y, me doy cuenta y reconozco que los chicanos han perfeccionado su "identidad" de un interés común pero me parece que todavía hay separatismo. He observado este separatismo en los lugares en que he estado, California, Nuevo México, Chicago. ¿Cuál es tu opinión?

HMV: Hay casi una contradicción en términos porque no hemos perfeccionado nuestras identidades. ¡No podemos! Tenemos que reconocer nuestras diferencias regionales. Así como el movimiento chicano, nuestras literaturas no son monolíticas. Fue simplemente que sucedió todo junto. Eran diferentes estados, diferentes áreas, diferentes ciudades con diferentes asuntos en que trabajar. Periódicamente los chicanos se juntaban porque los estudiantes los traían para discutir las similitudes, para de nuevo, regresar a sus diferentes estados con los resultados de los diferentes asuntos. Así que, entonces, quiero decir, un chicano de Tejas es muy, muy diferente a un chicano de Nuevo México y también a alguien de Colorado, y éste a su vez es diferente de alguien de California. Por lo tanto, decir que hemos perfeccionado nuestras identidades, yo creo que no. Mantén un vocabulario fluido; cuando dices identidades hazlas plurales, cuando dices cultura, hazla culturas porque estas cosas son fluidas. Pero, sin embargo, entre las mujeres pienso que hay una gran comunidad. Creo que sí nos ayudamos mucho. Observarás, que cuando salgas a hablar con otras especialistas que te interesen, ellas te responderán. Observarás que son mucho más amables que yo. Si eres seria en tus intenciones, ellas tomarán el tiempo para ayudarte.

LR: ¿Cuál es tu opinión sobre las obras de Sandra Cisneros?

HMV: Creo que he sido bastante clara. Pienso que ella es brillante, verdaderamente creo que ella es brillante. Y, no lo digo porque la conozco. No lo digo porque ha sido mi buena amiga. Lo digo por su trabajo hasta este día, se destaca como cuadros magistrales. Regresas siempre a la obra y cada vez que regresas aprendes algo nuevo. Las obras de Sandra son de la misma manera. Por eso le toma mucho tiempo salir con una obra. Ella no será prolífica pero su trabajo durará un buen tiempo porque es increíblemente brillante. Por lo tanto, la admiro.

LR: De todas las escritoras chicanas del siglo XX, quiénes crees que sean las más importantes?

HMV: ¡Hombre! Todas tienen su propia importancia, hay tantas. Lorna Dee Cervantes en términos de la poesía y de la presencia de su política, ella es una poeta increíble, increíble. ¡Caramba!... Hay tantas... Lo que quiero decir, sería imposible. Aunque, sabes, junto con Lorna y Sandra, está Lucha Corpi que es subestimada, no es tan reconocida, yo diría que es, una poeta que escribe en español e inglés que escribe algunos de los poemas más sensuales y poderosos que he leído. Ella es fenomenal. Lucha Corpi es genial, es maravillosa. Es imposible contestar tu pregunta.

LR: ¿En tu opinión, cómo crees que tus obras son una contribución positiva a la literatura chicana y para los Estados Unidos?

HMV: Bien, sólo en el sentido que trabajo verdaderamente duro. Escribo con cierta urgencia, con cierto sentido de responsabilidad. Simplemente trabajo mucho en mis obras para producir el mejor trabajo posible. Regreso a la creencia que siento de que alguien entre los lectores pueda ser que se transforme al leer mis obras.

LR: El concepto de mestiza es un término de Anzaldúa, pero este concepto ya existía desde la llegada de los españoles a las Américas. La mayoría de los latinoamericanos son mestizos. En otras palabras es un mestizaje. ¿Cuál es la novedad sobre la presentación del mestizaje de Anzaldúa?

HMV: Bien, lo que Anzaldúa está haciendo en *Borderlands*, pienso yo, es ir más allá. Si miras su trabajo, es como si ella quisiera empujar la idea de la frontera más lejos, y decir, "Tenemos que examinar nuestro mestizaje y reconocer que necesitamos esta reexaminación porque nos estamos acercando al milenio." Esta es la nueva manera de mirar nuestras realidades dentro de este mestizaje. Lo que un escritor debe hacer es poner estos asuntos por escrito para entender mejor lo que está pasando con algunas de estas desigualdades sociales, pero también intentar de imaginarse el nuevo futuro, intentar solucionar algunos de esos problemas sociales. Pienso que es lo que ella intenta hacer con esta idea, con la "nueva mestiza."

LR: Uno de los puntos de Anzaldúa en sus libros *This Bridge Called my Back* y *Making Face, Making Soul /Haciendo Caras es ser silenciada*. ¿Te has sentido tú, como persona, silenciada? ¿O, como autora, te has sentido silenciada?

HMV: No tanto como autora. Como autora, digo lo que quiero. Siempre digo lo que quiero o dejo que los personajes digan lo que quieran, que no siempre es lo que yo quiero que digan. ¡Sí, he experimentado el silencio en muchas maneras! El tener un profesor que me diga que no pertenezco al departamento de la universidad o el tener otro profesor que me diga que los chicanos no son personas. Aquí en Cornell, he tenido al profesorado latino que me ha dicho que no debo utilizar el término chicana porque es inaceptable. Esto es en sí una forma de silenciarme.

LR: Al leer a Moraga, Anzaldúa, Rebolledo, me da la impresión de que las chicanas se ayudan entre sí. Yo noté en el *Cornell Chronicle*[13] tu participación como asesora a la universidad de verano en Cornell. ¿Sientes este mismo sentido de responsabilidad de ayudar a tu "propia" gente?

HMV: ¡Absolutamente! Acuérdate que te dije que muchas chicanas feministas creen que la teoría viene de las experiencias personales y luego es allí donde nosotras volvemos estas experiencias en marcos teóricos. Por lo tanto, estamos muy arraigadas en términos de activismo. Para ser una feminista chicana tienes que ser activa. Si no, sería un oximoron, sería algo que no podría existir. Por eso creo que mi feminismo siempre ha sido mi activismo, que ha surgido en mi literatura.

LR: Cómo les respondes a aquellos, quienes por un lado descartan las obras literarias chicanas por ser demasiado simples y por no tener ningún valor literario o quienes critican la estilística de las chicanas y por el otro lado son las mismas personas (académicos / críticos) que supuestamente defienden el cambio, que abogan por eliminar o abrir el canon. Desde mi punto de vista, son las mismas personas que no aceptan el cambio. Y lo que realmente quieren es que el canon se mantenga igual en donde todos escriban

---

[13] Periódico de la Universidad de Cornell.

como los blancos.

HMV: ¡Sí, es verdad! ¡Tienes razón! Pues es obvio, has contestado tu propia pregunta (ambas explotamos en risa). Muy bien. Realmente esta gente obviamente no ha leído muchas obras chicanas porque para ponerlo en tales términos es simplemente tonto.

Teoría crítica literaria

LR: ¿Bajo qué tendencia sitúas tu escritura? ¿Es decir, cómo clasificas tu trabajo, posmoderno, moderno, posetructural, poscolonial, marxista, etc.?

HMV: Yo no estoy para clasificar mi trabajo. Alguna gente me considera posmoderna mientras que otra considera que mi trabajo es algo diferente. Definitivamente mucha gente ha visto las influencias poscoloniales pero eso no es para mí. Cuando miro estos términos no son realmente algo que signifiquen mucho para mí al escribir. Así pues, en el sentido teórico, deberías hablar con otra gente que ha escrito sobre mi trabajo para saber dónde ubican mis obras. Yo no pongo mi trabajo en ninguna de estas clasificaciones.

LR: En otras palabras, estos términos no significan nada para ti.

HMV: ¡Así es!

LR: ¿Permites o te han hecho sentir marginalizada por el dominante o el supuestamente llamado inglés "correcto"? Por favor proporcióname un ejemplo(s), de cómo percibes a los Estados Unidos desde afuera. ¿Si no, cómo te das cuenta de que no te están marginalizando?

HMV: Pues, siempre regreso al poema de Lorna Dee Cervantes, "Poem For The Young White Man Who Asked Me How I, an Intelligent, Well-Bread Person Could Believe In The War Between Races." Ella habla de esa preocupación, de esa sensación intranquila de no ser lo suficientemente buena. Cuando ella habla de la lengua que se tropieza, es la mente que se tropieza, discúlpame lengua. Pienso que eso es consecuencia de un verdadero estado colonial de víctima. Es casi como lo que te dije anteriormente sobre lo que Toni Morrison dijo de la esclavitud. Ella dijo que la esclavitud nos hace víctimas a todos, tanto al esclavizado como la persona que esclaviza. Los chicanos son gente colonizada. Aquí tenemos una historia entera. Una historia de un país tercer mundista que fue empujado contra un país industrializado del primer mundo. Un país que fue anexado, sabes. Una gran parte de México fue robada en el tratado de Guadalupe-Hidalgo. Y por eso, tienes esta clase de mente colonizada. Tienes esta mente lo que Lorna Dee Cervantes describe como "discúlpame lengua." Pienso que cuando ella habla de eso, ella habla por mucha gente.

LR: Entonces, ¿estás de acuerdo con Mario Barrera cuando él habla sobre las figuras colonizadas internas, refiriéndose a los chicanos?

HMV: Estoy familiarizada con su nombre pero no estoy familiarizada con su trabajo, pero sí, si él está diciendo las cosas que estoy diciendo, sí. ¡Es duro! Sabes, una de las cosas en el departamento de inglés en Cal State LA cuando comencé mis estudios graduados, me dijo un profesor que me hizo a un lado que yo no debía estar allí.

LR: Entonces, ¿tú estarías de acuerdo si se dijera que la literatura chicana se podría ver desde de un punto de vista poscolonial?

HMV: Posiblemente, pero yo no sé mucho sobre esos términos. Apenas estoy comenzando a explorar la mente colonizada, sobre lo que Lorna Dee Cervantes habla. Así que, apenas estoy comenzando a hacer eso.

LR: ¿Cómo percibes a los Estados Unidos como persona de afuera? ¿Cómo te das cuenta que no te están marginalizando?

HMV: Yo no me siento como persona de afuera, aunque estén constantemente empujando a gente como yo hacia fuera, cada vez que pienso que hemos ganado un paso, miro y me doy cuenta que hemos perdido dos pasos y eso es cuando, tú sabes, las cosas ocurren en California, como la propuesta 187, la propuesta 227.[14] Estas propuestas realmente están basadas sobre asuntos raciales. No muy verdaderos asuntos de la manera que los veo, asuntos que no tratan de la economía o de ninguna cosa. Nacen a raíz de problemas raciales, y ese racismo penetra casi al punto de convertirse en ley cuando se aprueban estas propuestas.

---

[14] Dos leyes aprobadas en el estado de California. La propuesta 187 dicta eliminar toda asistencia pública a las personas indocumentadas. La propuesta 227 dicta eliminar todos los programas bilingües y enseñar solamente inglés en las escuelas.

Así que en casos como esos, apenas cuando pienso que estamos dejando huellas en la academia, por ejemplo, donde estamos haciendo incursiones sobre las discusiones de la literatura chicana como parte de la literatura americana, algo sucede. Veo que damos pasos hacia atrás porque veo que los cambios son apenas gotas en el balde en comparación a los verdaderos asuntos raciales.

LR: Regreso a lo que dijiste anteriormente cuando mencionaste al profesor que negaba tu entrada al programa graduado, de hecho, sí has sentido esa marginalización.

HMV: ¡Ah sí! ¡Sí!

LR: ¿Fue la única vez que la sentiste?

HMV: No, bueno en Irvine había otra cosa similar. Pienso que es algo que todos hemos sentido, sabes. Nuestra generación la sentía pero había comunidades, en Irvine. Yo podía encontrar apoyo a la vuelta de la esquina dentro de la universidad, por ejemplo allí estaba María Herrera-Sobek en el departamento de español. Pero, sin estos tipos de comunidades académicas pequeñas uno como estudiante realmente podría ser destrozado.

LR: ¿Has leído algo de la filosofía política?

HMV: ¿Qué quieres decir con filosofía política?

LR: Los filósofos políticos; estoy pensando en Marx,

Hobbes, Popper.

HMV: He leído secciones del *Manifiesto comunista*. He leído *The Wretched of the Earth* de Fanon Frantz. He leído Pablo Freire. ¿Son ésos los tipos de filósofos políticos de lo que estás hablando? Y por supuesto he leído Cherríe Moraga y Gloria Anzaldúa.

LR: Y de los filósofos franceses, por ejemplo Michel Foucault, Julia Kristeva.

HMV: No. He estudiado algo de la filosofía clásica cuando estuve en la escuela de subgraduados pero solamente como parte de estudios religiosos y de estudios éticos. Así que, con la filosofía política, no.

LR: ¿De los filósofos que has leído, cuál admiras más?

HMV: Pues, me gusta mucho Pablo Freire. Me acuerdo de haber estado absolutamente impresionada por él, pero la verdad es que no me acuerdo muy bien de su filosofía. Pero el trabajo de Cherríe Moraga es increíble. Verdaderamente su trabajo es algo nuevo. Aquí tienes una escritora que realmente está pensando, no sólo escribiendo sus obras pero pensando en su trabajo. Y siendo brutalmente honesta y tratando de deconstruir, me imagino que escribió como escribió por la forma que ella se sentía. Lo que quiero decir, ella tiene como dos cabezas, dos cabezas creativas trabajando a la vez, una mujer muy muy inteligente.

LR: ¿Cuál es tu reacción cuando oyes marxismo y cuáles son tus ideas sobre el marxismo?

HMV: Sabes, cuando la gente se identifica como marxista, yo me siento feliz hasta que digan, "Estoy interesado en la política, yo realmente estoy interesado." El no asustarse de utilizar el término "política" porque la gente se siente asusta que si se usa el término "política" puesto que otra gente los etiqueta como dogmáticas o los verían como propaganda. Y realmente, si la gente se identifica como marxista, sé que es porque han hecho una investigación profunda. Ven al mundo de diversas maneras. Y con cada ideología o forma, siempre hay que estar abierto a la crítica también. Esperanzados de que los intelectuales marxistas llegarán a ese punto.

LR: ¿Así que estás cómoda con el marxismo? ¿No tienes ningún problema con la teoría o la ideología?

HMV: ¡Sí! Si la gente se identifica como marxista, ¿por qué debería yo tener algún problema?

LR: Spivak utiliza el término de Nietzshe "metalepsis" en el cual se substituye una causa por un efecto. Por ejemplo, los chicanos ven la miseria en el barrio (efecto), entonces s dan cuenta que sus salarios son bajos para los hispanos y se sienten prejuiciados, etc. (causa). Por lo tanto, al revés sería efecto + causa; en vez de causa + efecto.

HMV: Pero eso es como mirar a una utopía. Siempre habrá causas sociales. Siempre habrá gente tratando de saber por qué hay injusticias.

LR: ¿Podría el efecto ser un retraso de la ideología marxista que persiste?

HMV: Yo diría que sí, marxista, comunista, o lo que sea. Siempre habrá gente que estará buscando algo para solucionar una cierta injusticia social.

LR: Estoy pensando en Jessie Jackson porque él es una de las figuras que vemos hoy en día que vocifera por las injusticias sociales, las luchas de clases y las desigualdades. En mi manera de verlo hay esta característica de protesta social en él y es regresarlo a las luchas de clases de Marx. Por su puesto tenemos que ver que él no es un marxista puro pero si no hubiera este efecto en las minorías, no habría una causa, un ciclo circular y metalíptico sin fin.

HMV: ¡Sí! Entiendo lo que estás diciendo pero la cosa es que nunca habrá una utopía. Aún en un país comunista. La teoría del comunismo es muy diferente a la práctica del comunismo, ya sabes. Entonces tienes estas discrepancias y siempre tendrás personas que están más oprimidas que los de más. Siempre habrá gente que continúen a pensar en mejores maneras para cerrar ese hueco para no tener esta opresión de una persona sobre la otra, no importa el sistema que escojan o el tipo de filosofía que desarrollen. Sí tienes razón, es completamente circular. Si Marx obviamente escribió el manifiesto fue porque estaba tratando de pensar en alguna manera radical de cómo subvertir lo que era una forma tradicional del sistema que era aniquilar masas de gente. ¿Me entiendes lo que estoy tratando de decir?

LR: Sí. ¿Crees que la literatura chicana hasta cierto punto podría ser leída desde una perspectiva marxista?

HMV: Creo que ha sido. Eso sería una buena pregunta para otra feminista chicana intelectual para que te la conteste.

LR: ¿Tomando en cuenta la lucha de clases sociales de Marx, piensas que sin la crítica marxista, existiría la literatura chicana o aún el movimiento chicano?

HMV: Bueno sabes, eso es chistoso porque no me considero marxista. No he leído lo suficiente ni lo he estudiado bien para decir que eso es lo que soy. Pero... creo que muchas chicanas que yo conozco, mi generación de chicanas, realmente están investigando las injusticias sociales por ser unas mujeres latinas, dándole una voz a aquellas mujeres que están oprimidas, creando situaciones en que solamente podríamos soñar o imaginarnos en el futuro para nosotras o nuestros personajes. Esto es, yo creo, la responsabilidad que las escritoras chicanas de mi generación han tenido en cuenta, han adoptado y han trabajado en forma constante. Así pues que ni siquiera sé si alguien se llame marxista o no. Yo pienso que todas trabajamos hacia la justicia social.

LR: Ya sé que ya dijiste que los términos de poscolonial, posestructural, y estructural etc. no significan nada para ti como escritora. Sin embargo, en tu narrativa, Helena, encontré un cuestionamiento constante del sistema falocéntrico y un constante desmantelamiento de él. ¿Cómo etiquetarías esta tendencia en términos críticos? Por ejemplo, deconstrucción, feminismo...

HMV: Fue mi escritura que me enseñó lo que es el feminismo verdadero. El proceso de deconstruir lo que estabas diciendo acerca de estas situaciones y presentándolas. Pues, te diré, soy muy cuidadosa al utilizar estos términos porque no los conozco muy bien y no los puedo poseer. Yo vengo de un núcleo muy mujeril; como yo dije antes, yo soy una feminista de hueso colorado, mirando a las injusticias sociales desde el principio, eso me hizo pensar y luego viendo a mí alrededor y dándome cuenta que en términos de género estábamos pasando por tiempos muy jodidos. Entonces, cómo empieza uno en encontrar las razones del por qué. Porque se encuentran las cosas como están y luego ver como si nosotros los escritores podemos empujar más allá para poder ver las soluciones.

LR: Lo que estás diciendo entonces es que tú como una feminista de hueso colorado siempre estás cuestionando la autoridad, el patriarcado, la dominación; es un cuestionar constante?

HMV: Absolutamente, absolutamente. ¡Sí! ¡Sí!

LR: ¿Ahora bien, solamente estás cuestionando el patriarcal? Yo te veo cuestionando todo.

HMV: Todo... trato de cuestionar todo.

LR: Realmente, podrías ser llamada una feminista de deconstrucción. Sé que esos términos no significan nada para ti, pero estoy pensando como crítica.

HMV: No sé. Me imagino, no sé. Solamente escribo (Viramontes se ríe).

LR: Desmantelas el sistema patriarcal y desmantelas el sistema angloamericano pero no desmantelas otras culturas hispanas, narrativas o comunidades, por qué?

HMV: Pero eso no es verdad. Pienso que soy muy crítica hacia la cultura latina, especialmente el machismo.

LR: El machismo patriarcal, la comunidad patriarcal de los latinos... pero mi pregunta es porque no desmantelas a los hispanos (Latinoamérica y los españoles). Es algo que Anzaldúa también no hace con frecuencia, pero ella reconoce que la chicana también está bajo escrutinio de sus co-patriotas hispanos. Pero no los desmantela como lo hace con los angloamericanos. Por lo menos en mis lecturas, yo no veo este acto de desmantelar, como lo hace con los gringos y lo que hace con el patriarcal también.

HMV: Pues yo pienso que sí lo hacemos. Somos críticas en masa del movimiento feminista blanca pero, a la vez, somos guiadas por muchas feministas blancas. Tomamos lo que era necesario para desarrollar lo nuestro.

LR: De memoria, cito a Anzaldúa donde ella dice, "Nos arrancaron nuestras lenguas, nos arrancaron nuestros corazones, los destrozaron." Ella está hablando de la dominación, ese mundo "gringo." Y, ¿los latinoamericanos y los españoles qué? En mi opinión, son tan críticos nuestros hermanos hispanos de los chicanos y escudriñan tanto como los gringos lo hacen.

HMV: ¡Sí! ¡Sí! Ah, eso es lo que estoy haciendo ahora, ahorita en el manuscrito de *The Dogs*... Tengo un personaje que se escapa de un rancho y cruza la frontera con los EE.UU. Tiene un primo que se tiene que quedar con una familia chicana y lo llaman, son de la misma edad, pero ella lo llama tijuanero, "Tjer." Esas son las cosas…salimos y regresamos. Apenas estamos empezando en hacer eso. Y por ejemplo, Ana Castillo hace eso en *The Mixquiahula Letters* en donde ella habla de las chicanas en México. Sandra Cisneros hace la misma cosa. Lo hacen más abiertamente que yo. Apenas lo estoy haciendo ahora. Pero ya se ha hecho, digo, pienso que tienes razón. Estamos muy enterados del hecho de que hay estas situaciones de raza, especialmente hay estas situaciones de clase.

LR: Pues, como estaba diciendo, Anzaldúa deconsruye a los anglo-americanos pero no habla con fuerza, debo decir, de los latinoamericanos o los españoles. Y por ende, habla con mucha fuerza de los gringos.

HMV: Bueno yo pienso… sí, entiendo lo que estás diciendo ahora. Yo pienso… que hay diferentes divisiones entre los latinoamericanos incluyendo el mexicano y los latinos que son nacidos en este país, por ejemplo. Nuestras experiencias son diferentes y el hecho es que la mayoría de nosotros somos de la clase trabajadora, colocados totalmente en la realidad de la clase trabajadora. Y ahí es donde están las grandes diferencias porque en realidad la mayoría de los latinoamericanos que han llegado a este país no entienden la situación de las clases sociales. Los latinoamericanos que han venido aquí es porque han tenido medios económicos para venir a estudiar a los EE.UU.

LR: Qué piensas o qué le dirías a un español que te dijera que tu español es de lo peor porque no utilizas la forma de vosotros, tu sintaxis gramatical está totalmente mal y estás cambiando de idiomas: del inglés al español en una sola oración, que no está permitido para un hispanohablante.

HMV: Es interesante porque eso fue lo que les impresionó más a los españoles el año pasado. Me invitaron a una conferencia en Granada, España y lo que hice... como fui para allá, hubo dos otras universidades que me invitaron a leer. Entonces, me fui a estas universidades. Esta universidad a donde me fui de paso a Granada, estuve hablando con unos estudiantes, creo que de estudios de inglés. Así que conocían mi trabajo; eran españoles pero hablaban inglés. Bueno, cuando comencé a hablar, yo hice mucho intercambio entre los dos idiomas (code switching), hombre, así pienso, así es nuestra lengua. Eso fue lo que les impresionó más, que yo podía cambiar de un idioma a otro, de uno a otro, de uno a otro sin perder el ritmo, sin interrumpir un pensamiento, sin tropezar con una oración. Estaban sorprendidos de que yo pudiera hacer eso, sabes. Biculturalmente nos beneficiamos. Ves, es diferente entre tu y yo porque tú eres una crítica y yo soy una escritora. Conmigo, yo trabajo hacía el desarrollo del idioma. Me esfuerzo por él, lo excavo, lo exploto, trato de hacer cosas con él, intento dar palabras antiguas nuevos significados. Trato de encontrar palabras, intento a desarrollar nuevas palabras. Y bueno, eso es el trabajo de cada escritor. Ese tipo de criticismo, yo no lo tomo muy en serio.

LR: ¿Qué es la justicia para ti? ¿Está la justicia relacionada con el número de gente que afecta o está relacionada con el lado que es él más fuerte? Puedes hablar de las relaciones de poder que tu narrativa contiene?

HMV: Estás hablando de cosas diferentes aquí. Estás hablando del poder de la palabra escrita para transformar la vida de las personas y también estás hablando de lo que yo pienso que son las injusticias sociales. Sólo tienes que ver a tu alrededor. Todo lo que tienes que hacer es abrir un periódico y si no hay un episodio u otro que te enfurezca, entonces tendrías que estar ciega ante las realidades de la gente. En términos de racismo, en términos de clase, de orientación sexual en donde la gente es atacada, golpeada y asesinada porque tienen una orientación sexual. Personas que están silenciadas económicamente, niños que se están muriendo de hambre y niños que no pueden conseguir medicina. Parte de eso, ha sido parte de mi propia familia. Estoy íntimamente ligada con estas situaciones económicas. No tengo que salir para leerlas, solamente tengo que dar una vuelta y verlas en mi propia familia.

LR: Entonces para ti, ¿qué es la justicia?

HMV: La justicia es muchas cosas. Es quitar el dolor y darle al niño hambriento comida. Estas son las cosas abstractas pero al final a veces, por tus luchas, por tu movimiento agresivo, a veces, esos niños reciben comida y ves los resultados.

LR: ¿Qué les dices a aquellas feministas que hacen un simulacro del poder patriarcal o falocéntrico? Es decir, quienes solamente quieren invertir los roles del poder. Como ya sabes, hay muchas mujeres en puestos privilegiados que marginalizan a otras mujeres para centralizarse ellas mismas.

HMV: Así no funciona, no está bien. La verdad es que, tiene que haber mucho más. La inversión no significa nada. Cierto tipo de igualdad económico, cierto tipo de estatus, cierto privilegio, pero al final, el tener cierto tipo de privilegio, como dijo Virgina Wolf, "El único problema con los privilegios es que no todos pueden tenerlos." Y ese es el problema. Si alguien es privilegiado, va a haber alguien que no lo es. Así que, ¿es una buena cosa por el cual esforzarse? Yo pienso que no.

LR: Spivak sugiere que en esta inversión del poder, cuestionar la posición de autoridad en el sistema. Cuestionar y ver quién ha sido excluido.

HMV: Eso es verdad y quién se beneficia, ¿quién se beneficia de esa exclusión?

LR: La ideología de Marx, en mi opinión, ha influenciado a Anzaldúa. Tal influencia se puede ver en la reiteración del "despertar de la conciencia." Marx escribió que para que haya cambio, primero es necesario que haya un despertar de la conciencia del proletariado, como lo encontramos en *Borderlands* de Anzaldúa. Encontramos esta misma declaración substituyendo proletariado por mestiza.

HMV: Pienso que sí lo hace… ¿no se identifica como marxista?

LR: No he encontrado nada, en mis lecturas, cualquiera cosa que ella indica eso abiertamente.

HMV: Me pregunto si no significan dos cosas diferentes (Viramontes está refiriéndose al "despertar de la conciencia del proletariado" de Marx y al "despertar de la conciencia de la nueva mestiza" de Anzaldúa); Marx está hablando de clase y Anzaldúa está hablando de raza. Así pues, me pregunto si hay dos significados diferentes y cómo se definen, cómo mirar a la cosmovisión, cómo levantar esa conciencia.

LR: Si aceptamos que la literatura chicana es una literatura poscolonial, entonces estamos diciendo que es una literatura que rechaza el imperialismo y, por lo tanto, es una literatura subversiva u opresiva.

HMV: ¿Opresiva, qué quieres decir con literatura

opresiva?

LR: Una literatura que esté bajo opresión de una cultura dominante.

HMV: Ya veo, OK Entonces estás hablando de la literatura como una respuesta a la opresión.

LR: Sí.

HMV: Es una literatura que declina el imperialismo, ¿qué quieres decir, qué declina el imperialismo?

LR: La fase del monopolio del capitalismo — imperialismo. Es decir, la extensión política, económica y territorial que a cierto grado declina al capitalismo.

HMV: Yo sé lo que es el imperialismo, pero qué quieres decir con que declina.

LR: Lo niega.

HMV: Bueno no, no lo niega, lo que quiero decir... es literatura. Esta literatura en particular ha nacido de la respuesta a esa represión del imperialismo. No lo niega, de ningún modo. Durante los años 70, tenías a los poetas chicanos que aparecieron cantando la historia, "Yo soy Joaquín"; tenías a Alurista, capturó todo ese sentido mítico de Aztlán, tú sabes, los grandes dioses etc. Es una respuesta a la represión de una cultura dominante que colonizó a la gente. Así que, no lo veo como una negación.

LR: ¿Lo ves como una literatura subversiva?

HMV: Subversiva sólo en el sentido... OK ¿qué definirías como subversiva? Si piensas que la narrativa de la esclavitud es subversiva, pues eran subversivas de muchas maneras durante la esclavitud debido a lo que estaba pasando. Los esclavos no tenían permiso de leer. Era contra la ley que leyeran o escribieran. Así, si pasaban esta narrativa de la esclavitud de uno a otro, pues eso era una cosa subversiva. Sabes, tienes a Martí que habla de las Américas, ¿es esto subversivo? En otras palabras, quiero decir que es subversivo, pero no es. Tiene una larga tradición de diversos momentos históricos, de diversas comunidades de personas dirigiendo, respondiendo y luchando contra esos momentos históricos en particular. Quiero decir subversivo y no.

LR: Si aceptamos que es una literatura poscolonial entonces estamos diciendo que es una representación del "otro," es decir, los chicanos y las chicanas están perpetuando y viéndose como el "otro," pero ¿no es eso como marginalizarse en vez de intentar promover e ir más allá de este estereotipo?

HMV: Bueno es casi como… ya sabes otra vez, tienes que contextualizarlo históricamente. Una de las cosas acerca del nacionalismo chicano de los 70, como había tanta reacción a la represión de centenares de años, tienes estas generalizaciones de la historia. Tienes a la gente de bronce, tienes a este mito de Aztlán. Tienes todas estas cosas que está pasando. Eso era necesario porque lo que la literatura y la poesía intentaban hacer era traer a las personas, reeducarlas, por flor y canto, dándole una canción y una flor para la lucha. Ahora, ¿qué pasaría si existiera ese mismo nacionalismo hoy en día, sería un rechazo o estaría anticuado ahora? ¡Yo pienso...sí! Sería porque has ido más allá. Había un sentido verdadero de nacionalismo muy empedernido en los años 70. Hay un tipo de cambio de nacionalismo hoy en los años 90, me entiendes lo que te estoy diciendo. De nuevo, dependiendo de los momentos históricos. Tienes que... te acuerdas de ayer, cuando estábamos hablando de la cultura y la fluidez de la cultura y como es esencial recordar que constantemente estamos desarrollándonos, aun la definición de "chicano" se está desarrollando. Ahora, tú sabes, somos internacionales. Nosotros, los chicanos, somos internacionales, ¡Nos leen en España! ¡Nos leen en Amsterdam! ¡Nos leen en Alemania! ¡Nos leen en Suiza! ¡Ahora, nos estamos haciendo internacionales! ¿Quiere decir eso, entonces que perdemos la identidad de lo que es ser un chicano en este país? ¡Absolutamente no! ¡Absolutamente no!

LR: En su libro *La Chicana and the Intersections of Race, Class, and Gender* Irene Blea define a los chicanos como aquellos de descendencia mexicana y otros que viven esta misma vida fronteriza son los puertorriqueños, cubanos, argentinos, etc., encajan con el título de latino. Tomando esto en cuenta, ¿crees tú que por el hecho de que la formación de la identidad chicana no tomo efecto hasta los años 60, limitaría la identidad chicana y la historia a este período de tiempo en particular?

HMV: Estamos descubriendo las herencias del siglo diecinueve, en donde tienes a Ruiz Burton por ejemplo, ocupándose con los temas de la raza y la economía en sus novelas. Es importante tener esto en cuento pero también es importante el desarrollo. Se está haciendo anticuado. No es verdad, no sólo ocurrió en los años 60, es lo que estoy tratando de decir. Ocurrió en esa época pero ahora debido a estos académicos maravillosos que salieron de ese movimiento de los años 60, están excavando, o regresando a los archivos; están viendo que hay un pasado. Así que ahora, la definición de la identidad chicana se está redefiniendo.

LR: Bien, entonces lo que estás diciendo, es que los chicanos no están absorbiendo de otras culturas para complementar, sus identidades. Hay algunas personas que discutirían que los chicanos se convirtieron en un grupo, un grupo definido por su identidad en los años 60 y, por eso, su historia e identidad todavía están desarrollándose y...

HMV: No he leído el libro de Irene Blea, así que no sé... pero simplemente con esta cita (Viramontes se refiere a las etiquetas chicana /o y latina /o. Ninguna cita realmente se presentó), yo puedo decirte que conozco a dos chicanos que se identifican como chicanos y que no son de descendencia mexicana. Además hay varios chicanos que son de herencia mezclada pero debido a la ideología política, porque tienen raíces de la clase trabajadora, porque tienen ciertos puntos de vista políticos, se identifican con los chicanos. ¡Y está padre! Digo, quién soy yo para decir lo que eres y lo que no eres, aunque, habría gente que lo hará. Hasta hay gente que se molesta cuando los chicanos se identifican como tales, sin realmente entender los términos.

LR: Si decimos que la literatura chicana es literatura de resistencia de la literatura dominante, estamos diciendo que hay una actitud de lucha de clase poscolonial. Muchos críticos pueden juzgar esta literatura como sin ningún valor estético, es decir limitado.

HMV: ¡Ay eso es una mierda! ¡Es mierda! Lo estético viene con las cosas que tenemos que decir. Mucha gente llama mi trabajo político y solamente porque escribo sobre la gente pobre o simplemente porque escribo sobre la gente que no aparece normalmente en la literatura, de repente soy política; ¡No lo creo! Yo soy el ser humano político que nací para serlo y nada lo va a cambiar. Esto no quiere decir que no veamos la integridad en nuestro arte o el valor de nuestro trabajo como... digo, yo puedo comparar a Sandra Cisneros con cualquier escritor americano hoy en día. ¡No! La estética para mí viene de lo que podemos decir, cosas que no se dicen y tenemos que hacerlas hermosas con la lengua o con el poder de la conexión entre los seres humanos, para que la gente pueda leer estas realidades inaguantables. Como lo hace Toni Morrison, es difícil comprender, es difícil leer lo que está escribiendo. La degradación, los horrores de la esclavitud en *Beloved*, no obstante, continuamos leyendo página por página por la belleza, el poder de la lengua. ¡El poder magistral de la cuentista en todo su esplendor! Y por eso la reconocen como una de las escritoras americanas del gran siglo veinte. Porque ella escribe sobre la esclavitud, ¿Esto quiere decir que ella sea política, esto significa que su trabajo sea limitado? ¡Ay por favor ya!

LR: Con respecto a la literatura de la resistencia, también es clasificada como literatura testimonial de la "Verdad" que en términos poscoloniales está intentando a reconciliarse y ser testigo del pasado y del presente.

HMV: Bueno si, pienso que es verdad hasta un cierto punto. También pienso que los escritores, especialmente los escritores de responsabilidad social son gente que busca "la verdad" ya sea para bien o para mal. Por eso con las escritoras chicanas, las escritoras feministas chicanas, lo primero que hicieron fue ser críticas de las culturas dominantes. Y, no sólo de las culturas dominantes pero de sus propias culturas, por ejemplo, de sus madres, de la manera que las educaron, con las madres que impregnaron a sus hijas de la opresión, etc.

LR: Hay algunos filósofos como Merleau-Ponty y Derrida entre otros que dirían que cada uno tiene su propia "verdad."

HMV: Bueno OK, yo me guiaría por los hechos. Yo pienso en la gente indígena en su la búsqueda del más allá. ¿Qué hace uno durante una búsqueda del más allá? Por ejemplo, lo que haría un curandero o brujo, es irse al desierto, como lo hizo Jesús por cuarenta días y cuarenta noches, iría a ayunar, cantar, rezar, hacer todos estos rituales para conjurar apariciones.

Para conjurar sus apariciones, para abrir otro campo de la conciencia del curandero o brujo. Eres solo tú con el apoyo de los grandes espíritus. Lo que sucede durante la búsqueda del más allá, una vez que has ayunado, una vez que has recibido esa oportunidad de ver ese mundo verdadero, no es de que tu mundo se distorsione, pero todo lo que no es importante hace a un lado. Por lo tanto lo que vez directamente enfrente de ti es la realidad verdadera, la verdadera realidad. Y esa es la verdad en la que creo, en donde todo lo demás se hace a un lado. Si intentaras poner a filósofos occidentales con los curanderos o brujos indígenas habría conflictos, yo seleccionaría a los indígenas que ven el futuro porque son los que crearon el más allá. Almos Onza, un escritor israelita, habla de que en hebreo ni siquiera hay una palabra para la ficción porque ficción significa mentiras. La ficción no es nada mas que "la verdad" y de este modo se les llama profetas a los escritores de la ficción en Israel. No se les da el nombre de artistas como se hace en los Estados unidos. De hecho eso es lo que dice él también que en los Estados Unidos los escritores son vistos como artistas. Pero en Israel son vistos como profetas, como gente que puede ver el futuro. Y es la misma cosa, regresando a lo que decía sobre el curandero o brujo. Eso es lo que quiero decir sobre los escritores de responsabilidad social quienes no sólo tienen que ver la situación sino también escribir con veracidad sobre la situación, y al mismo tiempo pensar en como resolverla. Y a veces no hay solución, pero hombre, tenemos que tratar. Tenemos que seguir con ese trabajo.

LR: ¿Quieres ser considerada o te consideras como una portavoz del subalterno? Te cito, "I myself invent time by conjuring up the voices and spirits of the women living under brutal repressive regimes. In the light of their reality, my struggles for a few hours of silence seem like such a petty problem... I find my space on the kitchen table...my time long after midnight... I want to do justice to their voices. To tell these women, in my own gentle way, that I will fight for them, that they provide me with my own source of humanity" (*Making Face* 292).[15]

HMV: OK, ¿qué es esto del subalterno?

LR: El subalterno, en pocas palabras, es una persona o personas que no tienen voz en el sistema, en el sistema dominante.

HMV: OK, bueno. Sí.

LR: Te consideras como una portavoz por...

HMV: ¡No! No como portavoz, no, eso me asustaría

---

[15] "Yo misma me invento el tiempo al conjurar las voces y los espíritus de las mujeres que viven bajo regímenes represivos y brutales. A la luz de sus realidades, mis luchas por algunas horas de silencio parecen ser un problema tan insignificante...Encuentro mi espacio sobre la mesa de la cocina...mi tiempo después de la medianoche...quiero hacer justicia a sus voces. Quiero decirles a estas mujeres, en mi propia manera suave, que lucharé por ellas porque ellas me proveen con mi propia fuente de humanidad"

muchísimo de ser portavoz, pero también, como te dije, ayer, cuando me di cuenta que escribía más que de mi misma que estaba escribiendo más de mi propia familia, yo estaba escribiendo más en relación con la comunidad. Y fue cuando me di cuenta de que mi responsabilidad era escribir lo mejor posible. Así que, esto es lo último que quiero hacer porque soy una despistada, soy una mujer que anda con la mano vendada (cuando se hizo esta entrevista, Viramontes tenía la mano izquierda vendada debido a una cirugía reciente). Me entiendes lo que te digo, demasiado ocupada haciendo la lavandería para ser portavoz.

LR: Pero les das voz a estas subalternas.

HMV: Las subalternas son las que pongo en el centro de mis cuentos. Eso es lo que hago. Pero, me siento incómoda con esta idea compleja de ser una portavoz, aunque soy responsable a las voces que conjuro.

LR: El señalar a un individuo de la minoría como excusa a la integración puede ser tan beneficioso como dañino para las minorías. Puede ser beneficioso si eres quien recibe todo tipo de beneficios para las minorías: becas, dinero, derechos de publicación, etc. Sin embargo, también puede ser perjudicial, si no eres una de estas constantes personas siendo ascendida. Entonces la pregunta es, cuáles son las figuras que están recibiendo todos estos beneficios y por qué estos beneficios no están siendo distribuidos a otros miembros de minoría.

HMV: ¿Como qué otras minorías?

LR: Otros Chicanos dentro del mismo campo, minorías, como negros, homosexuales dentro de su campo.

HMV: Bueno, OK Ahora estás hablando de dos cosas diferentes. Ahora estás hablando del programa político de fachada y también estás hablando del "Affirmative Action."[16] Son dos cosas diferentes. Son dos grandes polos opuestos y no los confundas porque yo pienso que es la única manera en que podemos empezar a escribir las injusticias que la gente de color en este país ha sufrido por años, es por "Affirmative Action," para que se nos den esa ventana abierta de la oportunidad pero solamente la ventana abierta de la oportunidad. Cuando fui a la universidad y cuando regresé al colegio universitario, tuve un nombramiento del Affirmitive Action, pero el Affirmitive Action no me hizo mis trabajos, ni leyó mis libros, no trabajó en la biblioteca, sabes. ¡Lo hice yo! Eso fue lo que hice. Saqué el título y el título no fue Helena Viramontes Affirmitive Action. Fue Helena Viramontes. El programa político de fachada es otra cosa y totalmente opuesto y se trata de gente que tienen ideas de lo que es el Affirmitive Action y escogerán una persona y luego a otra y luego sentirán que eso ya se cubrió el problema, que esa idea ha arreglado todo. Así que, estás hablando de dos cosas diferentes.

LR: Encuentro como un oximoron cuando leo y escucho a gente que dice, "Todos estamos relacionados en

---

[16] Regla del empleo que insiste en que el empleador busque a un miembro de una minoría o una mujer capaz para cualquier puesto abierto.

una manera u otra," como resultado de leer un texto o escuchar a un orador. Pero esta postura idealista, esta euforia desaparece cuando uno deja el texto o se sale del auditorio. Nos olvidamos de la charla sobre el estar relacionado el uno con el otro y regresamos a los sentimientos antagonistas, racistas y sexistas.

HMV: Sí. Pues si, es mucho más fácil ser malo que ser bueno. La ignorancia es un don. El ser bueno está lleno de desafíos, está lleno de opciones, impone debates con uno mismo, un preguntarse constante de la moralidad. Mucha gente simplemente no lo quiere hacer. Y mi argumento por hacer el bien es que solamente tienes esta vida, ocúpate en ella, participa de tu propia vida. No dejes que los días se pasen porque fuiste demasiado perezoso en pensar cómo puedes mejorar este mundo. ¡Es ridículo! Realmente siento que... ése es el desafío a mis estudiantes. Ocúpate de tu propia vida, tenle cariño o afecto a algo. Si no le tienes cariño o afecto a algo, cualquier cosa puede pasar en este mundo y no importará, nada importará. Así que, ¿quieres estar en una situación en donde nada te importe, en donde se le tiren bombas a Irán y no te importare? Yo sé... ésta es tu única vida, ocúpate de ella. Entérate de que se está asesinando a la gente, entérate de que hay niños que se están muriendo, entérate del porqué los Estados Unidos está tirando bombas, mantente informada.

Bibliografía

Anzaldúa, Gloria, ed. *Making Face, Making Soul/Haciendo Caras*. Creative and Critical Perspectives by Women of Color. San Francisco: Aunt Lute, 1990.

Garza-Falcón, Leticia M. Gente Decente: *A borderlands Response to the Rhetoric of Dominance*. Austin: U of Texas P, 1998.

Herrera-Sobek, Maria and Helena Maria Viramontes, eds. *Chicana Creativity and Criticism: Charting New Frontiers in American Literature*. New Mexico: New Mexico P, 1996.

Kass, Jeff. "Forever Faithful." Los Angeles Times. 7 Dec. 1995, Home ed.: E4.

Viramontes, Helena María. Curriculum Vitae. Unpublished, 1997.

---. Personal Interview. 20-21 March 1999.

---. "The Writes Ofrenda." Máscaras. Ed. Lucha Corpi. Berkeley: Third Woman Press, 1997. 125-31.

---. *The Moths and Other Stories*. Houston: Arte Publico Press, 1985.

---. *Under the Feet of Jesus*. New York: Dutton, 1995.

Sobre la autora

La Doctora Lydia Helena Rodríguez obtuvo su Doctorado en literatura latinoamericana y chicana en la Universidad de Cincinatti en 1999. Desde otoño del 2000 es Profesora Asistente en el Departamento de Español de Indiana University de Pennsylvania.

Ha publicado: *El mestizaje del canon: Helena María Viramontes.* Madrid: Pliegos, 2005 y varios ensayos sobre la obra de escritoras mexicanas contemporáneas tales como Laura Esquivel y Angeles Mastretta.

Otros títulos publicados por
Ediciones Nuevo Espacio

Ado's Plot of Land

                        Gustavo Gac-Artigas – Chile

A Bride Called Freedom-Una novia llamada libertad -
Bilingual

                        Brett Alan Sanders - USA

Aún viven las manos de Santiago Berríos

                        José Castro Urioste – Perú

Bancarrota y cómo reconstruir su crédito

                        Juan Gonzales Prada

Benedicto Sabayachi y la mujer Stradivarius

                        Hernán Garrido-Lecca - Perú

Beyond Jet-Lag

                        Concha Alborg - España

Buenos Aires

                        Sergio Román Palavecino - Argentina

Correo electrónico para amantes

                        Beatriz Salcedo-Strumpf - México

El dulce arte de los dedos chatos

                        Baldomiro Mijangos - CDBook- México

El solar de Ado

                        Gustavo Gac-Artigas - Chile

Exilio en Bowery

                        Israel Centeno - Venezuela

La edad del arrepentimiento

                        Blanca Anderson - Puerto Rico

La lengua de Buka

                        Carlos Mellizo - España

La última conversación

                        Aaron Chevalier - España

Liliana y el espejo
                    David Bedford - Argentina
La séptima mujer
             Claudia Aburto Guzmán y Francisca López
                                    – Chile/España
Más allá de las fronteras Primer concurso de Cuento
2003

Más allá de las fronteras Primer concurso de Poesía
2003

Melina, conversaciones con el ser que serás
                    Priscilla Gac-Artigas - Puerto Rico
Off to Catch the Sun
                    Alejandro Gac-Artigas – USALatino
Poemas de amor y de alquimia - Bilingual
                    Blanca Anderson Córdova - Puerto Rico
Por nuestros hijos: de la tierra de nadie a las mejores
universidades americanas
                    Gustavo Gac-Artigas - Chile
Prepucio carmesí
                    Pedro Granados - Perú
Simposio de Tlacuilos
                    Carlos López Dzur - USALatino
Todo es prólogo
                    Carlos Trujillo - Chile
Under False Colors
                    Peter A. Neissa - USA
Un día después de la inocencia
                    Herbert O. Espinoza - Ecuador
Viaje a los Olivos
                    Gerardo Cham - México

Visiones y Agonías

Héctor Rosales - Uruguay

Yo, Alejandro - English – 3rd. Ed.

Alejandro Gac-Artigas - USALatino

Yo, Alejandro - Bilingual

Alejandro Gac-Artigas – USALatino

Academia:

Caos y productividad cultural

Holanda Castro

Double Crossings / Entrecruzamientos

Editores: Carlos von Son, Mario Martín Flores

Reflexiones, ensayos sobre 44 escritoras hispanoamericanas contemporáneas - 2 Vols.

Editora: Priscilla Gac-Artigas

The Ricardo Sánchez Reader / CDBook
Editor: Arnoldo Carlos Vento – USA

Academic Press:

Nos tomamos la palabra, antología crítica de 28 escritoras latinoamericanas

Editora: Priscilla Gac-Artigas

www.ingramcontent.com/pod-product-compliance
Lightning Source LLC
Chambersburg PA
CBHW020629250626
47154CB00004B/1738